Début d'une série de documents en couleur

**COUVERTURES SUPERIEURE ET INFERIEURE D'IMPRIMEUR.**

Fin d'une série de documents en couleur

# KATIA

POITIERS. — IMPRIMERIE GÉNÉRALE DE L'OUEST (BLAIS, ROY, ET C¹ᵉ).

# KATIA

PAR

## LE COMTE LÉON TOLSTOÏ

TRADUCTION
DE M. LE COMTE D'HAUTERIVE

SIXIÈME ÉDITION

PARIS
LIBRAIRIE ACADÉMIQUE DIDIER
PERRIN ET C<sup>ie</sup>, LIBRAIRES-ÉDITEURS
35, QUAI DES GRANDS-AUGUSTINS, 35
1886
Tous droits réservés.

# KATIA

## I

Nous étions en deuil de notre mère; elle était morte l'automne précédent, et nous passâmes tout l'hiver à la campagne, seules, Macha, Sonia [1] et moi.

Macha était une ancienne amie de la maison; elle avait été notre gouvernante, nous avait

---

[1]. Macha, Sonia, dénominations familières pour Marie, Sophie.

toutes élevées, et mes souvenirs, comme mon affection pour elle, remontaient aussi loin que je me souvenais de moi-même.

Sonia était ma sœur cadette.

L'hiver s'écoula pour nous, sombre et triste, dans notre vieille maison de Pokrovski. Le temps fut froid, venteux, à tel point que la neige s'était amoncelée plus haut que les fenêtres; celles-ci étaient presque continuellement couvertes de glace et ternes, et d'un autre côté nous ne pûmes, à peu près pendant toute la saison, sortir ni nous promener nulle part.

Il était rare qu'on vînt nous voir, et ceux mêmes qui nous visitaient n'apportaient ni joie ni gaieté dans notre maison. Tous avaient un visage chagrin, parlaient bas, comme s'ils eussent craint de réveiller quelqu'un, se gardaient de rire, soupiraient et souvent pleuraient en me regardant, et surtout à la vue de ma pauvre Sonia, vêtue de sa petite robe noire. Tout dans la maison sentait encore la mort en quelque manière; l'affliction, l'horreur du trépas régnaient dans l'air. La chambre de maman restait fermée, et j'éprouvais tout ensemble un cruel malaise et un invincible attrait à jeter furtivement un coup d'œil sur cette chambre froide et déserte, quand je passais auprès d'elle pour m'aller coucher.

J'avais à cette époque dix-sept ans, et l'année même de sa mort maman avait eu l'intention d'aller habiter la ville pour m'y produire. La perte de ma mère avait été pour moi une grande douleur; mais je dois avouer qu'à côté de cette peine, jeune et belle comme tous me le faisaient entendre, je ressentais une certaine peine de me voir condamnée à végéter un second hiver à la campagne, dans une aride solitude. Avant même la fin de cet hiver, le sentiment du chagrin, de l'isolement, et, pour le dire simplement, celui de l'ennui, grandirent chez moi à un point tel que je ne sortais plus de ma chambre, n'ouvrant pas mon piano et ne prenant même point un livre en main. Quand Macha m'invitait à m'occuper de choses ou d'autres, je lui répondais : je ne veux pas, je ne puis pas ; et dans le fond de mon âme une voix me demandait : A quoi bon? Pourquoi aurais-je fait n'importe quoi, alors que le meilleur de ma vie se consumait ainsi en pure perte? Pourquoi? Et à ce « *pourquoi* » il n'y avait chez moi d'autre réponse que des larmes.

On me disait que je maigrissais et que j'enlaidissais pendant tout ce temps; mais je ne m'en préoccupais d'aucune façon. Pourquoi et pour qui y aurais-je pris intérêt? Il me semblait que ma vie tout entière devait s'écouler dans ce désert, au sein de cette angoisse sans appel d'où, livrée à mes seules et propres ressources, je ne me sentais ni la force, ni même le désir de m'arracher.

Macha, vers la fin de l'hiver, se mit à concevoir des inquiétudes sur mon compte et prit la résolution, quelque chose qui pût arriver, de me conduire à l'étranger. Mais pour cela il fallait de l'argent, et c'est à peine si nous savions ce qui nous revenait de l'héritage de notre mère; chaque jour nous attendions notre tuteur, qui devait venir examiner l'état de nos affaires.

Dans le courant de mars, il finit par arriver.

— Grâce à Dieu, me dit Macha, un jour que j'errais comme une ombre dans tous les coins, désœuvrée, sans une pensée en tête, sans un désir au cœur : voilà Serge Mikaïlovitch qui s'annonce pour le dîner. Il faut te secouer, ma petite Katia[1], ajouta-t-elle; que penserait-il de toi ! Il vous aime tant toutes deux !

Serge Mikaïlovitch était notre proche voisin et avait été l'ami de notre défunt père, quoiqu'il fût beaucoup plus jeune. Outre le changement favorable que son arrivée venait apporter à nos plans de vie en nous donnant la possibilité de quitter la campagne, j'étais trop habituée depuis l'enfance à l'aimer et à le respecter, pour que Macha, en me con-

---

1. Katia veut dire Catherine.

seillant de me secouer, n'eût pas deviné qu'il devait s'opérer encore un autre changement et que, de toutes mes connaissances, c'était celle-là devant qui il m'eût été le plus douloureux de paraître sous un jour défavorable. Non seulement j'avais un vieil attachement pour Serge Mikaïlovitch, comme chacun dans la maison, depuis Macha et Sonia, qui était sa filleule, jusqu'au dernier cocher, mais cet attachement tirait un caractère tout particulier d'une parole que maman avait prononcée devant moi. Elle avait dit un jour que c'était un tel mari qu'elle m'eût souhaité. A ce moment-là, une pareille idée m'avait semblé fort extraordinaire et même assez désagréable; le héros que je me figurais était tout à fait autre. Mon héros, à moi, devait être mince, maigre, pâle et mélancolique.

Serge Mikaïlovitch, au contraire, n'était déjà plus jeune; il était de grande taille, vigoureux et, autant que j'en pouvais juger, d'humeur très aimable; mais néanmoins cette parole de maman avait pénétré assez avant dans mon imagination; il y avait six ans de cela, alors que j'étais dans ma onzième année, qu'il me disait *tu*, qu'il jouait avec moi, qu'il me surnommait une *petite violette*, et depuis lors je ne m'étais jamais demandé sans un certain effroi ce que je ferais si, tout à coup, il lui prenait fantaisie de vouloir m'épouser.

Un peu avant le dîner, que Macha avait fait augmenter d'un plat d'épinards et d'un entremets sucré, Serge Mikaïlovitch arriva. Je regardai par la fenêtre au moment où il approchait de la maison dans un petit traîneau, et dès qu'il en eut atteint le coin, je me hâtai de me rendre au salon, ne voulant point laisser voir que je l'eusse le moins du monde attendu. Mais, en entendant du mouvement dans l'antichambre, et bientôt sa voix éclatante et les pas de Macha, la patience m'échappa et j'allai moi-même à sa rencontre. Il tenait la main de Macha et parlait sur un ton élevé et en souriant. Dès qu'il m'aperçut, il s'arrêta et me regarda pendant quelques instants sans me saluer; j'en fus tout embarrassée et me sentis rougir.

— Ah! est-il possible que ce soit vous, Katia? dit-il de son ton simple et décidé, en dégageant sa main et en s'approchant de moi.

— Peut on changer ainsi! Comme vous avez grandi! Hier une violette! Aujourd'hui la rose épanouie!

De sa large main il saisit la mienne et la serra si fort, si franchement, qu'il m'en fit presque mal. J'avais pensé qu'il me la baiserait et je m'étais inclinée devant lui ; mais lui, me la prenant une seconde fois, me regarda droit dans les yeux de son joyeux et ferme regard.

Il y avait six ans que je ne l'avais vu. Il avait beaucoup changé, vieilli, bruni, et il avait laissé pousser ses favoris, ce qui ne lui seyait pas beaucoup ; mais il avait toujours ces mêmes manières simples, ce même visage ouvert, honnête, aux traits prononcés, ces yeux étincelants d'esprit et ce sourire plein de grâce que l'on aurait dit d'un enfant.

Au bout de cinq minutes, il avait déjà quitté l'attitude d'un simple visiteur et pris les allures d'un hôte intime vis-à-vis de nous toutes, et même vis-à-vis des gens qui, par leur serviabilité empressée à son égard, témoignaient hautement de la joie que son arrivée leur faisait éprouver.

Il n'agit point du tout en voisin qui vient dans une maison après la mort d'une mère, en croyant nécessaire d'y apporter un visage compassé ; il se montra au contraire gai, causant, et ne dit pas un seul mot de maman, si bien que je commençais à trouver cette indifférence étrange et même assez inconvenante de la part d'un homme qui nous tenait de si près. Mais bientôt je compris que ce n'était point chez lui indifférence et qu'il y avait là, dans sa pensée, une intention dont je devais lui être reconnaissante.

Le soir, Macha nous servit le thé dans le

salon, à la place habituelle où nous le prenions du temps de maman. Sonia et moi, nous nous assîmes près d'elle ; le vieux Grégoire lui apporta une ancienne pipe de papa qu'il avait retrouvée, et lui, également comme dans le vieux temps, il commença à arpenter la chambre de long en large.

— Que de terribles changements dans cette maison, quand on y pense ! dit-il tout à coup en s'arrêtant.

— Oui, répondit Macha avec un soupir; et, replaçant le couvercle du samovar, elle regarda Serge Mikaïlovitch, déjà toute prête à fondre en larmes.

— Vous vous rappelez sans doute votre père? me demanda-t-il.

— Un peu.

— Qu'il eût été aujourd'hui bon pour

vous de le posséder encore! prononça-t-il lentement et en dirigeant, d'un air pensif, un vague regard par-dessus ma tête.

Et il ajouta plus lentement encore :

— J'ai beaucoup aimé votre père...

Je crus remarquer au même moment que ses yeux brillaient d'un vif éclat.

— Et voilà que Dieu a pris aussi notre mère! s'écria Macha.

Puis, jetant aussitôt la serviette sur la théière, elle tira son mouchoir et se mit à pleurer.

— Oui, il y a eu de terribles changements dans cette maison!

Et sur ce mot il se détourna.

Et puis un instant après :

— Katia Alexandrovna! dit-il en élevant la voix, jouez-moi quelque chose.

Cela me fit plaisir qu'il m'eût adressé cette demande en termes si simplement et si amicalement impératifs ; je me levai et je me rendis près de lui.

— Tenez, jouez-moi cela, dit-il en ouvrant un cahier de Beethoven à l'adagio de la sonate *Quasi una fantasia*. Voyons un peu comment vous jouez, reprit-il, et il alla boire sa tasse dans un coin de la salle.

Je ne sais pourquoi, mais je sentis qu'il m'eût été impossible avec lui de refuser ou de faire des façons sous prétexte que je jouais mal ; je m'assis, au contraire, avec soumission devant le clavier, et je commençai à jouer comme je pus, bien que j'eusse quelque peur de son appréciation, sachant combien il était connaisseur et quel goût il avait pour la musique. Dans le ton de cet adagio régnait un sentiment qui me reportait, par une sorte de réminiscence, vers nos entretiens d'avant le thé, et sous cette impression je le jouai passablement, paraît-il. Mais il ne voulut pas me laisser jouer le *scherzo*.

— Non, vous ne le joueriez pas bien, dit-il en se rapprochant de moi; restez-en sur ce premier morceau, qui n'a pas été mal. Je vois que vous comprenez la musique.

Cet éloge, assurément modéré, me réjouit si fort que je me sentis rougir. C'était une chose si nouvelle et si agréable pour moi que l'ami, l'*égal* de mon père, me parlât seul à seule, sérieusement, et non plus comme à une enfant, ainsi qu'il faisait jadis.

Il m'entretint de mon père, me raconta combien ils s'étaient convenu l'un à l'autre, combien ils avaient agréablement vécu ensemble, alors que je ne m'occupais encore que de jouets et de livres d'étude; et dans ces récits, mon père, pour la première fois, m'apparut l'homme simple et bon que je n'avais pas connu jusque-là. Il me questionna aussi sur ce que j'aimais, ce que je lisais, ce que je comptais faire, et il me donnait des conseils. Je n'avais plus près de moi l'homme plaisant qui aimait le badinage ou la taquinerie, mais bien un homme sérieux, franc, amical, pour qui je ressentais en même temps un respect involontaire et de la sympathie. Cette impression m'était douce, agréable, et tout ensemble j'éprouvais en moi une certaine et inconsciente tension en lui parlant. Chaque mot que je prononçais me laissait craintive; j'aurais tant voulu mériter moi-même son affection qui, jusqu'à présent, ne m'était acquise qu'en qualité de fille de mon père!

Après avoir couché Sonia, Macha nous rejoignit et fit à Serge Mikaïlovitch des doléances au sujet de mon apathie, d'où il résultait que je n'avais jamais rien à dire.

— Alors elle ne m'a pas raconté le plus important, répondit-il en souriant et en branlant la tête de mon côté d'un air de reproche.

— Qu'aurais-je eu à raconter ? répliquai-je : que je m'ennuyais beaucoup, mais cela passera. (Et effectivement il me semblait maintenant, non seulement que mon ennui passerait, mais que c'était déjà chose faite et qu'il ne reviendrait plus.)

— Ce n'est pas bien de ne savoir pas supporter la solitude : est-il possible que vous soyez vraiment une demoiselle ?

— Mais je crois bien que oui, répondis-je en riant !

— Non, non, ou du moins une vilaine demoiselle qui ne vit que pour être admirée, et qui, dès qu'elle se trouve isolée, se relâche et ne sait plus rien trouver bien ; tout pour la montre, rien pour elle-même.

— Vous avez là une belle idée de moi, dis-je, pour dire quelque chose.

— Non, reprit-il après un moment de silence ; ce n'est pas en vain que vous ressemblez à votre père ; *il y a quelque chose en vous!*

Et son bon et attentif regard vint de nouveau exercer son charme sur moi et me remplir d'un trouble singulier.

Je remarquai à ce moment seulement qu'à travers ce visage qui paraissait gai au premier coup d'œil, sous ce regard qui n'appartenait qu'à lui et où on aurait cru d'abord ne lire que la sérénité, se peignait ensuite, et toujours de plus en plus vivement, un fond de grande réflexion et d'un peu de tristesse.

— Vous ne devez ni ne pouvez vous ennuyer, dit-il encore, vous avez la musique que vous savez comprendre, les livres, l'étude ; vous avez devant vous une vie tout entière à laquelle voici seulement pour vous le moment de vous préparer, afin de n'avoir pas ensuite à vous en plaindre. Dans un an, il sera déjà trop tard.

Il me parlait ainsi comme un père ou un oncle, et je comprenais qu'il faisait un effort continu pour demeurer toujours à mon niveau. Cela m'offensait bien un peu qu'il me crût si fort au-dessous de lui, et, d'un autre côté, il m'était agréable que, pour moi, il crût devoir faire cet effort.

Le reste de la soirée fut consacré à une conversation d'affaires entre lui et Macha.

— Et maintenant, bonsoir, ma chère Katia, me dit-il en se levant et s'approchant de moi, et en me prenant la main.

— Quand nous reverrons-nous? demanda Macha.

— Au printemps, répondit-il en continuant à me tenir la main ; pour le moment, je vais à Danilovka (notre autre bien); je verrai un peu ce qui s'y passe, j'arrangerai ce que je pourrai, puis je passerai par Moscou pour mes affaires, et cet été nous pourrons nous voir.

— Pourquoi partir pour si longtemps? dis-je très tristement ; et, en effet, j'espérais déjà le voir chaque jour, et j'éprouvais tout à coup un affreux crève-cœur à me retrouver aux prises avec mon ennui. Probablement que cela se laissa deviner dans mes yeux et dans le son de ma voix.

— Allons, occupez-vous davantage, chassez le spleen, me dit-il d'un ton qui me parut trop placide et trop froid. Au printemps, je vous examinerai, ajouta-il en lâchant ma main et sans me regarder.

Dans l'antichambre, où nous nous rendîmes en le reconduisant, il se hâta de passer sa pelisse, et de nouveau son regard sembla m'éviter.

— Il prend là une peine bien inutile! me dis-je, serait-il possible qu'il pensât me faire déjà tant de plaisir en me regardant? C'est un homme excellent, tout à fait bon... Mais voilà tout.

Cependant, nous restâmes longtemps ce soir-là, Macha et moi, sans nous endormir, parlant toujours, non pas de lui, mais de l'emploi de l'été suivant, du lieu où nous passerions l'hiver et de la façon de le passer. Grosse question ; et pourquoi ? Pour moi, il me semblait aussi simple qu'évident que la vie devait consister à être heureuse, et dans l'avenir il ne m'était pas possible de me figurer autre chose que le bonheur, comme si tout à coup notre vieille et sombre demeure de Pokrovski venait de se remplir de vie et de lumière...

En attendant, le printemps était arrivé. Mes ennuis d'autrefois s'étaient évanouis et je les avais échangés contre ces tristesses rêveuses et printanières, tissues d'espérances inconnues et de désirs inassouvis. Et pourtant ma vie n'était plus celle que j'avais menée au commencement de l'hiver; je m'occupais de Sonia, de musique, d'études, et souvent j'allais au jardin où j'errais longtemps, bien longtemps, seule à travers les allées, ou bien je m'asseyais sur quelque banc. Dieu sait à quoi je songeais, ce que je souhaitais, ce que j'espérais ! Quelquefois, je m'accoudais des nuits entières, surtout par les temps de lune, à la fenêtre de ma chambre, et j'y demeurais jusqu'au matin; quelquefois, à l'insu de Macha et en simple costume de nuit, je descendais encore au jardin et je m'enfuyais vers l'étang au milieu de la rosée; je poussai même une fois jusque dans les champs, ou bien je passais la nuit à faire toute seule le tour du parc.

Maintenant il m'est difficile de me rappeler, encore moins de comprendre, les rêveries qui, à cette époque, remplissaient mon imagination. Si même je parviens à m'en souvenir, j'ai peine à croire que ces rêveries fussent bien miennes, tant elles étaient étranges et en dehors de la vie réelle.

A la fin de mai, Serge Mikaïlovitch, ainsi qu'il l'avait promis, revint de sa tournée.

La première fois qu'il vint nous voir, ce fut un soir, alors que nous ne l'attendions pas du tout. Nous étions assises sur la terrasse et nous nous disposions à prendre le thé. Le jardin était déjà tout verdoyant, et de tous côtés, à Pokrovski, les rossignols avaient établi leur domicile au milieu des massifs en pleine végétation. Çà et là, d'épaisses touffes de lilas élevaient leurs têtes comme émaillées de teintes blanches ou violacées, et leurs fleurs s'apprêtaient à s'épanouir. Les feuilles, dans les allées de bouleaux, semblaient transparentes aux rayons du soleil couchant. Sur la terrasse se répandait une ombre fraîchissante, tandis que l'abondante rosée du soir inondait les gazons. Dans la cour, derrière le jardin, on entendait les derniers bruits du jour et les bêlements des troupeaux qui rentraient à l'étable; le pauvre fou Nikone passait sur le chantier, au pied de la terrasse, avec un tonneau, et bientôt des torrents d'eau froide, s'échappant d'une pomme d'arrosage, allaient tracer des cercles noirâtres sur la terre récemment remuée, autour des tiges de dahlias. Devant nous, sur la terrasse, au-dessus d'une nappe bien blanche, brillait et bouillonnait un samovar aux reflets éclatants, entouré d'un pot de crême, de crêpes et de pâtisseries. Macha, de ses mains potelées, lavait les tasses en bonne ménagère. Quant à moi, sans attendre le thé, et mise en appétit par un bain d'où je sortais, je mangeais un pain trempé dans une crême fraîche et bien épaisse. Je portais une blouse de toile aux manches entr'ouvertes et j'avais la tête enveloppée d'un mouchoir sur mes cheveux humides

Macha, à travers la fenêtre, l'aperçut la première.

— Ah! Serge Mikaïlovitch! s'écria-t-elle; nous parlions justement de vous.

Je me levai et voulus aller changer de toilette ; mais il me surprit au moment même où je gagnais la porte.

— Allons, Katia, pas de cérémonies à la campagne, dit-il en regardant ma tête et mon mouchoir et en souriant, vous n'avez pas tant de scrupules devant Grégoire, et je veux être Grégoire pour vous.

Mais, en même temps, il me semblait précisément qu'il ne me regardait pas du tout comme aurait pu le faire Grégoire, et cela m'embarrassa.

— Je vais revenir tout de suite, répondis-je en m'éloignant.

— Qu'y a-t-il de mal? s'écria-t-il en suivant mes pas, on vous prendrait ainsi pour une jeune paysanne.

— Comme il m'a étrangement regardée, pensai-je, pendant qu'à la hâte je montais l'escalier pour aller me rhabiller. Enfin, grâce à Dieu, le voilà arrivé, nous allons être plus gais! Et après avoir jeté un coup d'œil dans la glace, je redescendis, toute joyeuse, et, sans dissimuler mon empressement, j'arrivai hors d'haleine sur la terrasse. Il était assis près de la table et parlait avec Macha de nos affaires. M'ayant aperçue, il me jeta un sourire et continua à causer. Nos affaires, à ce qu'il disait, étaient dans l'état le plus satisfaisant. Nous n'avions plus maintenant qu'à achever l'été à la campagne, et nous pourrions aller ensuite, soit à Pétersbourg pour l'éducation de Sonia, soit à l'étranger

— Ce serait très bien si vous veniez avec nous à l'étranger, dit Macha, mais seules nous y serions comme dans un bois.

— Ah! plût à Dieu que je pusse faire avec vous le tour du monde, répliqua-t-il, moitié plaisamment, moitié sérieusement.

— Soit, dis-je alors, allons faire le tour du monde!

Il sourit et secoua la tête.

— Et ma mère? et mes affaires? Allons, laissons cela, et racontez-moi un peu comment vous avez passé le temps. Serait-il possible que vous ayez encore eu le spleen?

Quand je lui eus raconté que, sans lui, j'avais su m'occuper et ne pas m'ennuyer, et que Macha le lui eut confirmé, il me donna des éloges, m'adressant des paroles et des regards d'encouragement comme à un enfant, et comme s'il en eût eu véritablement le droit. Il me parut convenable de lui faire part en détail, et surtout très sincèrement, de tout ce que j'avais fait de bien et de lui avouer, comme en confession, tout ce qui, au contraire, pouvait mériter son blâme. La soirée était si belle que, le thé emporté, nous restâmes sur la terrasse, et je trouvai la conversation si intéressante que je ne m'aperçus pas qu'insensiblement tous les bruits de la maison s'étaient assoupis autour de nous. De toutes parts se dégageaient les parfums pénétrants des fleurs, la rosée plus abondante baignait les gazons, le rossignol exécutait ses roulades tout près de nous à l'abri des buissons de lilas, puis se taisait au bruit de nos voix. Le ciel étoilé semblait s'abaisser sur nos têtes.

Ce qui m'avertit de la venue de la nuit, ce fut d'entendre tout à coup sous la tente de la terrasse le vol sourd d'une chauve-souris qui se débattait, effrayée, autour de ma robe blanche. Je m'acculai contre le mur et fus sur le point de jeter un cri; mais la chauve-souris, tout aussi sourdement, s'échappa de dessous notre abri et alla se perdre dans les ombres du jardin.

— Que j'aime votre Pokrovski, dit Serge Mikaïlovitch en interrompant la conversation... On voudrait pour toute la vie s'arrêter sur cette terrasse !

— Eh bien, répliqua Macha, arrêtez-vous-y.

— Ah oui ! s'arrêter; la vie, elle, ne s'arrête pas !

— Pourquoi ne vous mariez-vous pas? continua Macha. Vous auriez fait un excellent mari!

— Pourquoi? dit-il en souriant. Il y a longtemps qu'on a cessé de me compter comme un homme mariable!

— Quoi? reprit Macha, trente-six ans, vous vous prétendez déjà fatigué de vivre?

— Oui, certes, et même tellement fatigué que je ne demande plus qu'à me reposer. Pour se marier, il faut avoir autre chose à offrir. Tenez, demandez à Katia, ajouta-t-il en me montrant de la tête. Voilà qui il faut marier. Et nous, notre rôle est de jouir de leur bonheur.

Dans l'intonation de sa voix, on sentait une mélancolie secrète, une certaine tension, qui ne m'échappèrent pas. Il garda un moment le silence ; ni moi, ni Macha, nous ne disions rien.

— Figurez-vous un peu, commença-t-il enfin en revenant vers la table, si tout à coup, par je ne sais quel déplorable accident, je venais à me marier avec une jeune fille de dix-sept ans, comme Katia Alexandrovna! Voilà un bel exemple, et je suis content qu'il s'applique si bien à la circonstance..., il ne pouvait y en avoir un meilleur.

Je me mis à rire, mais je ne pouvais pas du tout comprendre de quoi il se montrait si content, ni ce qui s'appliquait si bien...

— Eh bien, dites-moi la vérité, la main sur le cœur, poursuivit-il en se tournant vers moi d'un air de plaisanterie, est-ce que ce ne serait pas un grand malheur pour vous que d'unir votre vie à un homme déjà vieux, ayant fait son temps, qui ne veut plus que rester là où il est, quand vous, Dieu sait où vous ne voudrez pas courir à votre fantaisie !

Je me sentais mal à l'aise et je me taisais, ne sachant trop que répondre.

— Je ne viens pas vous demander votre main, dit-il en riant, mais, en vérité, dites si c'est à un tel mari que vous rêviez quand le soir vous vous promeniez à travers les allées, et si ce ne serait pas là un grand malheur ?

— Pas un si grand malheur... commençai-je.

— Et pas un grand bien non plus, acheva-t-il.

— Oui, mais je puis me tromper...

Il m'interrompit encore.

— Vous voyez, elle a parfaitement raison, je lui sais gré de sa franchise, et je suis enchanté que cet entretien ait eu lieu entre nous. J'ajouterai que c'eût été pour moi le plus grand malheur.

— Quel original vous faites ! vous n'avez guère changé, dit Macha, et elle quitta la terrasse pour ordonner que l'on servît le souper.

Nous gardâmes le silence après le départ de Macha, et tout demeurait muet aussi autour de nous. Le seul rossignol avait recommencé non plus ces chants du début de la soirée, saccadés et indécis, mais celui de la nuit, lent et tranquille, dont les roulades remplissaient tout le jardin, et du fond du ravin il y avait un autre rossignol qui, pour la première fois, lui répondait au loin. Le plus rapproché se taisait alors, comme s'il eût écouté un instant, puis de nouveau il égrenait dans les airs ses trilles plus éclatants encore et plus élevés. Et leurs voix résonnaient avec un calme suprême au sein de ce monde de la nuit qui est à eux et où nous demeurons comme étrangers. Le jardinier se rendait à l'orangerie pour se coucher, et sous ses grosses bottes ses pas retentissaient sur le sentier, toujours en s'éloignant de plus en plus. Quelqu'un lança à deux reprises vers la montagne d'aigus coups de sifflet, et ensuite tout rentra dans le silence. A peine si on entendait une feuille remuer; cependant la tente de la terrasse se gonfla tout à coup, fut agitée par un souffle d'air, et un parfum plus pénétrant courut jusqu'à nous. Ce silence m'embarrassait, mais je ne savais que dire. Je le regardai. Ses yeux, qui brillaient dans l'ombre, étaient attachés sur moi.

— Il fait bon vivre en ce monde! murmura-t-il.

Je ne sais pourquoi, sur ces mots je soupirai.

— Quoi donc ? dit-il.

— Oui, il fait bon vivre en ce monde ! répétai-je.

Et nous retombâmes dans le silence, et de nouveau je me sentis mal à l'aise. Il me passait toujours par la tête que je lui avais fait de la peine, en convenant avec lui qu'il était vieux ; j'aurais voulu le consoler et je ne savais comment m'y prendre.

— Mais, adieu ! me dit-il en se levant ; ma mère m'attend pour le souper. Je l'ai à peine vue aujourd'hui.

— J'aurais bien voulu vous jouer une nouvelle sonate.

— Une autre fois, me répondit-il froidement, du moins à ce qu'il me parut ; puis,

faisant un pas, il dit avec un geste simple :
— Adieu !

Il me sembla plus que jamais alors que je lui avais fait de la peine, et j'en fus toute triste. Nous le reconduisîmes, Macha et moi, jusqu'au perron, et nous restâmes dans la cour, regardant du côté du chemin où il avait disparu. Quand on eut cessé d'entendre le dernier piétinement de son cheval, je me promenai autour de la terrasse, puis je me remis à contempler le jardin et, à travers la brume humide au sein de laquelle nageaient tous les bruits de la nuit, je demeurai longtemps encore à voir et à écouter tout ce que ma fantaisie me fit écouter et voir.

Il revint une seconde et une troisième fois, et l'embarras que m'avait fait ressentir l'étrange entretien survenu entre nous ne tarda pas à s'effacer sans plus jamais reparaître.

Pendant le cours de tout l'été, il vint nous voir deux ou trois fois par semaine ; je m'habituai si bien à lui que, quand il restait un peu plus longtemps sans revenir, il me semblait pénible de vivre ainsi seule ; je me fâchais intérieurement contre lui et je trouvais qu'il agissait mal en me délaissant. Il se transforma vis-à-vis de moi en une sorte d'amical camarade, me questionnant, provoquant de ma part la franchise la plus sincère, me donnant des conseils, des encouragements, me grondant quelquefois, m'arrêtant au besoin. Mais malgré ces efforts pour rester toujours à mon niveau, je sentais qu'à côté de tout ce que je connaissais de lui, il existait en lui un monde tout entier auquel je demeurais étrangère et où il ne jugeait pas nécessaire de m'admettre, et cela, plus que tout, entretenait chez moi la déférence que je lui portais, et en même temps m'attirait vers lui. Je savais par Macha et par les voisins qu'outre ses soins pour sa vieille mère, avec qui il demeurait, outre son ménage agricole et notre tutelle, il avait encore sur les bras certaines affaires intéressant la noblesse, qui lui causaient beaucoup de désagréments; mais comment il envisageait toute cette situation, quels étaient là-dessus ses pensées, ses plans, ses espérances, c'est ce que je ne pus jamais démêler en lui. Si j'essayais d'amener la conversation sur ses affaires, son front se plissait d'une certaine façon, comme s'il eût dit : « Restons-en là, je vous prie; qu'est-ce que cela vous fait? » Et il portait l'entretien sur autre chose. Au commencement je m'en offensai, puis j'en pris si bien l'habitude que jamais nous ne parlions que de ce qui me concernait, et j'avais fini par le trouver tout naturel.

Au début j'éprouvai aussi quelque déplaisir, tandis qu'ensuite je trouvai, au contraire, un certain charme à voir la parfaite indifférence, je dirais presque le mépris qu'il témoignait pour mon extérieur. Jamais, ni par ses regards, ni par ses paroles, il ne me laissait comprendre le moins du monde qu'il me trouvait jolie; loin de là, il fronçait le sourcil et se mettait à rire, quand quelqu'un venait à dire devant lui que je n'étais pas mal. Il se plaisait même à relever en moi des défauts du visage et à me taquiner à leur propos. Les robes à la mode, les coiffures dont Macha aimait à me parer les jours de fête ne faisaient qu'exciter ses railleries, ce qui chagrinait beaucoup la bonne Macha et dans les premiers temps me déconcertait moi-même avec quelque raison. Macha, qui avait décidé dans sa pensée que je plaisais à Serge Mikaïlovitch, ne pouvait pas du tout comprendre comment il ne préférait pas que cette femme, qui lui plaisait, se montrât à son avantage. Mais je me rendis bientôt compte de ce qu'il fallait avec lui. Il voulait croire que je n'étais pas coquette. Et quand je l'eus bien compris, il ne resta plus même en moi l'ombre de coquetterie en matière d'ajustement, de coiffure ou de maintien ; elle se trouva remplacée, petite ruse cousue de fil blanc, par une autre coquetterie, celle de la simplicité, alors que je ne parvenais pas encore à être simple moi-même. Je voyais qu'il m'aimait : était-ce comme une enfant, était-ce comme une femme, je ne me l'étais pas demandé jusque-là ; cet amour m'était cher, et sentant qu'il me comptait pour la meilleure fille du monde, je ne pouvais point ne pas désirer que cette fraude continuât à l'aveugler. Et, en effet, je le trompais presque involontairement. Mais, en le trompant, je devenais tout de même meilleure. Je sentais qu'il serait mieux et plus digne de lui dévoiler de bons côtés de mon âme plutôt que ceux de ma personne. Mes cheveux, mes mains, ma figure, mes allures, quels qu'ils fussent, en bien ou en mal, il me semblait que d'un coup d'œil il avait pu les apprécier et qu'il savait très bien qu'eussé-je voulu le tromper, je ne pouvais rien ajouter à mes dehors. Mon âme, au contraire, il ne la connaissait point : parce qu'il l'aimait, parce que précisément dans ce même temps elle était en pleine voie de croissance et de développement, enfin parce qu'en pareille matière il m'était facile de le tromper et que je le trompais en effet. Quel allégement n'éprouvai-je pas vis-à-vis de lui, quand une fois j'eus bien compris tout cela! Ces agitations sans motif, ce besoin de mouvement qui m'oppressait en quelque sorte, disparurent complètement. Il me sembla dès lors que, soit en face, soit de côté, assise ou debout, que j'eusse les cheveux plats ou relevés, il me regardait toujours avec plaisir, qu'il me connaissait maintenant tout entière, et je m'imaginai qu'il était aussi content de moi que je l'étais moi-même. Je crois vraiment que si, contre son habitude, il m'avait dit tout à coup, comme les autres, que j'étais jolie, j'en aurais même été un peu fâchée. Mais, en revanche, quelle joie, quelle sérénité j'éprouvais au fond de l'âme quand, à l'occasion de quelques paroles qu'il avait entendu sortir de ma bouche, il me regardait avec attention et me disait d'un ton ému qu'il s'efforçait de rendre plaisant :

— Oui, oui, il y a en vous *quelque chose!* Vous êtes une brave fille et je dois vous le dire.

Et pourquoi recevais-je ces récompenses qui venaient remplir mon cœur de joie et d'orgueil? Tantôt pour avoir dit que je sympathisais à l'amour du vieux Grégoire pour sa petite fille, tantôt parce que j'avais été émue jusqu'aux larmes en lisant des poésies ou un roman, parce que j'avais préféré Mozart à Schuloff. C'était pour moi un sujet d'étonnement que l'intuition inaccoutumée qui me faisait deviner ce qui était bien et ce qu'on devait aimer, alors que je ne savais encore positivement pas ce qui était bien ni ce qu'il fallait aimer. La plupart de mes habitudes passées et de mes goûts lui déplaisaient, et il suffisait d'un mouvement imperceptible de ses sourcils, d'un regard, pour me faire comprendre qu'il désapprouvait ce que je voulais faire, ou d'un certain air de pitié un peu dédaigneuse qui lui était particulier, pour que je crusse aussitôt ne plus aimer ce que j'avais aimé. Si la pensée lui venait de me donner un conseil sur n'importe quelle chose, je savais à l'avance ce qu'il allait me dire. Il m'interrogeait du regard, et déjà ce regard m'avait arraché la pensée qu'il voulait connaître. Toutes mes pensées, tous mes sentiments de ce temps-là n'étaient plus à moi, et c'étaient sa pensée, son sentiment qui tout à coup deve-

naient les miens, qui pénétraient dans ma vie
et venaient l'illuminer en quelque sorte. D'une
manière tout à fait insensible pour moi, je
commençai à voir toutes choses avec d'autres
yeux, aussi bien Macha que mes gens, que
Sonia, que moi-même et mes propres occupations. Les livres qu'autrefois je lisais uniquement pour combattre l'ennui m'apparurent
tout à coup comme un des plus grands charmes
de la vie; et cela toujours pour cette seule
raison que nous nous entretenions, lui et moi,
de livres, que nous les lisions ensemble et
qu'il me les apportait. Auparavant, mon travail auprès de Sonia, les leçons que je lui donnais, je les considérais comme une pénible
obligation que je m'efforçais de remplir seulement par esprit de devoir; maintenant qu'il
venait quelquefois assister aux leçons, une de

mes joies était d'observer les progrès de Sonia.
Apprendre en entier un morceau de musique
m'avait toujours paru impossible, et à présent,
sachant qu'il l'écouterait et que peut-être il y
applaudirait, je n'hésitais plus à jouer quarante
fois de suite le même passage, si bien que la
pauvre Macha avait fini par se boucher les
oreilles avec de la ouate, tandis que, moi, je n'y
trouvais aucun ennui. Ces vieilles sonates se
phrasaient aujourd'hui sous mes doigts d'une
tout autre façon et d'une façon bien supérieure.
Même Macha, que je connaissais pourtant et aimais comme moi-même, était à mes yeux toute
changée. Je comprenais alors seulement que rien
n'avait obligé Macha à être ce qu'elle avait été
pour nous, une mère, une amie, comme un es-
clave de nos fantaisies. Je comprenais toute l'abnégation, tout le dévouement de cette créature

si affectionnée, je comprenais la grandeur de mes obligations envers elle et je l'en aimais d'autant mieux. Il m'avait encore appris à considérer nos gens, nos paysans, nos droroviès [1], nos servantes sous un jour tout autre que je ne l'avais fait jusqu'ici. C'est comique à dire, mais, à dix-sept ans, je vivais au milieu d'eux bien plus étrangère à eux que je ne l'eusse fait à l'égard de gens que je n'aurais jamais vus; pas une fois je n'avais pensé qu'ils fussent des êtres susceptibles, eux aussi, d'amour, de désirs, de regrets, comme moi-même. Notre jardin, nos bois, nos champs, que je connaissais depuis que j'étais née, devinrent soudain pour moi des objets tout nouveaux, et je commen-

[1]. Nombreuse domesticité extérieure, composant ce qu'on appelait, avant l'émancipation, la *cour*, chez les propriétaires à la campagne.

çai à en admirer la beauté. Ce n'était pas à tort qu'il disait souvent que, dans la vie, il n'y avait qu'un bonheur certain : vivre pour les autres. Cela me paraissait étrange et je ne le comprenais pas ; mais cette conviction, à l'insu même de ma pensée, pénétrait peu à peu jusqu'au fond de mon cœur. En un mot, il avait ouvert devant moi une vie nouvelle, pleine de jouissances dans le présent, sans avoir rien changé à mon existence ancienne et sans y avoir rien ajouté, si ce n'est en développant en moi chacune de mes sensations. Tout, depuis mon enfance, était resté enseveli autour de moi dans une sorte de silence, et avait attendu seulement sa présence pour élever la voix, parler à mon âme et la remplir de bonheur.

Souvent, dans le cours de cet été, je remontais dans ma chambre et je me jetais sur mon lit, et là, en place de mes anciennes angoisses du printemps, pleines des désirs et des espérances de l'avenir, je me sentais étreinte d'un autre trouble, celui du bonheur présent. Je ne pouvais m'endormir, je me relevais, je m'asseyais sur le lit de Macha, et je lui disais que j'étais parfaitement heureuse, ce qui, quand je me le rappelle aujourd'hui, était tout à fait inutile à lui dire ; elle pouvait bien le voir elle-même. Elle me répondait qu'elle non plus n'avait rien à désirer, qu'elle aussi était fort heureuse, et elle m'embrassait. Je la croyais, tant il me semblait juste et nécessaire que tous fussent heureux. Mais Macha pouvait en outre songer au sommeil, et même, faisant semblant d'être fâchée, elle me chassait de son lit et s'endormait; moi, au contraire, je retournais longtemps encore toutes mes raisons d'être heureuse. Quelquefois, je me relevais de nouveau et je recommençais pour la seconde fois mes prières, puis je priais dans l'abondance de mon cœur pour mieux remercier Dieu de tout le bonheur qu'il m'accordait.

Dans ma chambre, tout était paisible; on entendait seulement la respiration régulière de Macha pendant son sommeil, le tic-tac de sa montre à ses côtés; je me retournais, je murmurais quelques paroles, je me signais ou je baisais la croix qui pendait à mon cou. Les portes étaient fermées, les volets recouvraient les fenêtres, je ne sais quel bourdonnement de mouche se débattant dans un coin parvenait à mon oreille. J'aurais voulu ne plus quitter cette chambre, je n'aurais pas voulu que le matin vînt dissiper cette atmosphère tout imprégnée de mon âme et dont je me sentais enveloppée. Il me semblait que mes rêves, mes pensées, mes prières étaient autant d'essences animées qui, dans ces ténèbres, vivaient avec moi, voltigeaient autour de mon lit, planaient au-dessus de ma tête. Et chaque pensée était sa pensée, et chaque sentiment, son sentiment. Je ne savais pas encore ce qu'est l'amour, je pensais qu'il pouvait en être toujours ainsi et qu'un pareil sentiment se donne sans demander de retour.

## III

Un jour, au temps de la rentrée des blés, nous allâmes après dîner dans le jardin, Macha, Sonia et moi, nous asseoir sur notre banc favori, à l'ombre des tilleuls et au sommet du ravin, d'où l'on pouvait découvrir les champs et les bois. Il y avait déjà trois jours que Serge Mikaïlovitch n'était venu nous voir, et nous l'attendions d'autant plus ce jour-là qu'il avait promis à notre intendant de visiter les récoltes.

Vers deux heures, en effet, nous l'aperçûmes qui passait sur la hauteur au milieu d'un champ de seigle. Macha, en me jetant un sourire, ordonna d'apporter des pêches et des cerises qu'il aimait beaucoup, puis elle s'étendit sur le banc et s'assoupit. J'arrachai une branche de tilleul, dont les feuilles et l'écorce ruisselaient de sève, et, tout en éventant Macha, je continuai ma lecture, non sans me détourner à tout instant pour surveiller le chemin des champs par où il devait arriver. Quant à Sonia, assise sur une vieille racine de tilleul, elle édifiait un berceau de verdure pour sa poupée.

La journée était très chaude, sans vent; on était comme dans une étuve; les nuages, formant un vaste cercle à l'horizon, s'étaient assombris dans la matinée et il y avait eu une menace d'orage qui m'avait fortement agitée, comme toujours en pareil cas. Mais depuis midi ces nuages s'étaient dispersés, le soleil se dégageait au sein d'un ciel purifié, le tonnerre ne grondait plus que sur un seul point, roulant ses éclats dans les profondeurs d'un nuage pesant qui, à la limite même des cieux et de la terre, se confondait avec la poussière des champs et était sillonné par les pâles zigzags d'un éclair lointain. Il devenait évident que, chez nous du moins, il n'y avait plus rien à craindre pour ce jour-là. Aussi, dans la partie de la route qu'on pouvait découvrir derrière le jardin, ne cessait-on d'entendre tantôt les grincements lents et prolongés d'une charrette pleine de gerbes, tantôt les rapides cahots des télègues vides qui se croisaient, ou les pas pressés de leurs conducteurs, dont on voyait flotter les chemises au vent. L'épaisse poussière ne s'envolait ni ne retombait; elle demeurait suspendue par-dessus les haies à travers les feuillages transparents des arbres du jardin. Plus loin, contre la grange, s'élevait le bruit d'autres voix, d'autres grincements de roues, et là les gerbes dorées, amenées lentement près de l'enclos, volaient dans l'air, s'amoncelaient, et bientôt mes yeux distinguaient des sortes d'édifices de forme ovale qui se détachaient en autant de toitures aiguës, et les silhouettes des paysans qui fourmillaient à l'entour. Puis, au milieu des champs poudreux, circulaient de nouvelles télègues, défilaient de nouvelles gerbes jaunissantes, et dans l'éloignement le retentissement des roues, des voix et des chants parvenait toujours jusqu'à moi.

La poussière et la chaleur envahissaient tout,

à l'exception de notre petit coin favori du jardin. De tous côtés cependant, au sein de cette chaleur et de cette poussière, aux feux de ce soleil ardent, un peuple de travailleurs jasait, plaisantait et se mouvait. Moi, je contemplais Macha, qui dormait doucement sur notre banc si frais, abritée sous son mouchoir de batiste, les cerises bien noires et au suc juteux sur cette assiette, nos robes légères et éblouissantes de propreté, dans la carafe l'eau limpide où jouaient les rayons irisés du soleil, et j'éprouvais un singulier bien-être. Qu'y a-t-il à faire? pensai-je; suis-je donc coupable de me sentir si heureuse? Mais comment répandre autour de soi son bonheur? Comment et à qui se consacrer tout entière, soi et ce bonheur lui-même?.

e soleil avait déjà disparu derrière les têtes

des grands bouleaux de l'allée, la poussière s'était affaissée sur le sol, on découvrait les lointains du paysage, plus nets et plus lumineux sous l'action de rayons obliques; quant aux nuages, ils étaient entièrement dissipés ; je voyais de l'autre côté des arbres, auprès de la grange, se dresser les pointes de trois nouvelles meules et les paysans en descendre; enfin, pour la dernière fois de cette journée, les télègues passaient rapidement en faisant résonner l'air de leurs bruyants concerts; les femmes, en y mêlant leurs chants, rentraient à la maison le râteau sur l'épaule, des liens à la ceinture, et Serge Mikaïlovitch n'arrivait toujours pas, bien qu'il y eût longtemps déjà que de nouveau je l'eusse aperçu au pied de la montagne. Tout à coup il apparut au bout de l'allée, d'un côté par où je ne l'attendais aucunement, car il avait tourné le ravin. En se découvrant et me montrant un visage joyeux et vraiment rayonnant, il se dirigeait vers moi. A la vue de Macha, encore endormie, il se mordit les lèvres, cligna des yeux, et s'avança sur la pointe des pieds ; je remarquai aussitôt qu'il était en ce moment dans une de ces dispositions toutes particulières de gaîté, sans cause précise, que j'aimais tant en lui, et que nous appelions entre nous « le transport sauvage ». Il était alors tout à fait comme un écolier échappé de la classe; tout son être, de la tête aux pieds, respirait le contentement et le bonheur.

— Bonjour, jeune violette, comment cela va-t-il ? Bien ! dit-il à voix basse, en s'approchant et en me serrant la main... Et moi, parfaitement aussi, répondit-il à une semblable demande de ma part; aujourd'hui, je n'ai en vérité que treize ans, j'ai envie de jouer au cheval de bois et de grimper aux arbres !

— Le transport sauvage! repris-je en regardant ses yeux souriants et sentant que ce *transport sauvage* me gagnait aussi.

— Oui, murmura-t-il, et en même temps il me faisait de l'œil un signe, tandis qu'il se retenait de sourire. Mais pourquoi en voulez-vous donc à cette pauvre Macha Karlovna ?

Je n'avais pas, en effet, remarqué, tout en le regardant et en continuant à brandir ma petite branche, qu'avec ses feuilles je fouettais le mouchoir de la gouvernante et que j'effleurais son visage. Je me mis à rire.

— Et elle dira qu'elle n'a pas dormi, poursuivis-je en chuchotant, comme si je cherchais ainsi à ne pas réveiller Macha; mais je ne le faisais pas tout à fait pour cela, et je trouvais tout bonnement agréable de chuchoter en lui parlant.

De son côté, il remuait les lèvres en me contrefaisant, comme s'il m'eût, lui aussi, dit à voix basse quelque chose qu'il ne fallût pas que l'on entendît. Puis, apercevant l'assiette de cerises, il feignit de s'en emparer à la dérobée, courut vers Sonia et alla s'asseoir sous le tilleul à la place de la poupée. Sonia était sur le point de se fâcher, mais il eut bientôt fait la paix avec elle en organisant un jeu où ils devaient, à qui mieux mieux, croquer des cerises ensemble.

— Voulez-vous que je donne ordre d'en apporter encore, dis-je, ou bien, allons nous-mêmes en chercher ?

Il prit l'assiette, posa les poupées dessus,

et à nous trois nous allâmes à la cerisaie. Sonia, tout en riant, courait après lui, le tirant par son paletot pour qu'il lui rendît ses poupées. Il les rendit, et se retournant très sérieusement vers moi :

— Allons, comment ne pas convenir que vous êtes la violette? me dit-il encore à voix basse, quoiqu'il n'y eût plus personne que l'on craignît d'éveiller ; dès que je me suis approché de vous après avoir bravé tant de poussière, de chaleur, de fatigue, j'ai cru sentir la violette, non pas, il est vrai, cette violette aux forts parfums, mais celle, vous savez, qui pousse, la première, encore modeste, et qui respire à la fois la neige expirante et l'herbe printanière...

— Mais, dites-moi, la récolte marche-t-elle bien ? lui demandai-je aussitôt pour cacher la joyeuse confusion que ses paroles me faisaient éprouver.

— A merveille ! ce peuple est partout excellent, et plus on le connaît, plus on l'aime.

— Oh oui ! tout à l'heure, avant votre arrivée, de la place où j'étais, je suivais de l'œil le travail et j'avais conscience de leur voir prendre tant de peine, tandis que moi j'étais si à l'aise, que...

— Ne jouez pas avec ces sentiments, Katia, interrompit-il d'un air sérieux, en me jetant en même temps un regard caressant : c'est là une œuvre sainte. Que Dieu vous garde de *poser* en semblable matière !

— Aussi c'est à vous seul que je dis cela.

— Je le sais. Eh bien, et les cerises ?

La cerisaie était close, il n'y avait pas là un seul jardinier (il les avait tous envoyés à la besogne). Sonia courut chercher la clef; mais lui, sans attendre qu'elle revînt, grimpa sur un des angles en s'accrochant au réseau de filets, et sauta de l'autre côté.

— Voulez-vous me donner l'assiette? me dit-il de là.

— Non, je voudrais cueillir moi-même; j'irai chercher la clef, sans doute Sonia ne la trouve pas.

Mais, en même temps, il me prit fantaisie de surprendre ce qu'il faisait là, ce qu'il regardait, sa manière d'être, en un mot, quand il supposait n'être vu de personne. Ou encore, tout simplement, peut-être n'avais-je pas envie, dans ce moment, de le perdre une seule minute de vue. Sur la pointe des pieds et à travers les orties, je fis le tour de la cerisaie et je gagnai le côté opposé, où la clôture était plus basse ; me dressant alors sur une cuve vide, de telle sorte que le mur ne me venait qu'à la poitrine, je me penchai sur l'enclos. Je parcourus des yeux tout ce qu'il contenait, les vieux arbres tout courbés aux larges feuilles dentelées, d'où pendaient verticalement des grappes de fruits noirâtres et juteux, et engageant ma tête sous les filets, j'aperçus Serge Mikaïlovitch au travers des rameaux tortus d'un vieux cerisier. Il pensait bien certainement que j'étais partie et que personne ne pouvait le voir.

La tête découverte et les yeux fermés, il était assis sur les débris d'un vieil arbre et roulait négligemment entre ses doigts un fragment de gomme de cerisier. Tout à coup il rouvrit les yeux et murmura quelque chose en souriant. Cette parole et ce sourire ressemblaient si peu à ce que je connaissais de lui, que j'eus honte de l'avoir épié. Il m'avait, en effet, semblé que cette parole était : Katia ! Cela ne pouvait être, pensai-je. « Chère Katia ! » répéta-t-il plus bas encore et plus tendrement. Mais, cette fois, j'entendis ces deux mots bien distinctement. Le cœur me battit si fort, je me sentis pénétrée d'une émotion si joyeuse, j'en fus même à tel point saisie, que je dus avec mes mains m'accrocher à la muraille pour ne pas tomber et aussi me trahir. Il entendit mon mouvement et regarda avec quelque effroi derrière lui ; puis, baissant tout à coup les yeux, il rougit et devint pourpre comme un enfant. Il voulut me dire quelque chose, mais il ne le put pas, et son visage en devint de plus en plus écarlate. Cependant il sourit en me regardant. Je lui souris aussi. Toute sa physionomie respirait le bonheur ; ce n'était plus alors, non, ce n'était plus un vieil oncle, me prodiguant caresses et enseignements; j'avais devant mes yeux un homme à mon propre niveau, m'aimant et me craignant; un homme que moi-même je craignais et que j'aimais. Nous ne nous disions rien, nous bornant à nous regarder l'un l'autre. Mais soudain il fronça le sourcil ; sourire et flammes dans les yeux s'effacèrent ensemble, et il reprit avec moi son attitude froide et paternelle, comme si nous eussions fait quelque chose de mal, qu'il fût rentré en lui-même et qu'il m'eût conseillé d'en faire autant.

— Descendez de là, vous vous ferez mal, dit-il. Et arrangez vos cheveux ; voyez un peu à quoi vous ressemblez !

Pourquoi dissimule-t-il ainsi ? Pourquoi

veut-il me faire de la peine? pensai-je avec dépit. Et dans ce moment il me vint un désir irrésistible de le troubler encore et d'essayer ma puissance sur lui.

— Non, je veux faire une cueillette moi-même, dis-je ; et m'accrochant des mains à une branche voisine, je sautai sur la muraille. Il n'eut pas le temps de me soutenir, que déjà je m'étais élancée par terre au milieu de la cerisaie.

— Quelle folie faites-vous là ? s'écria-t-il en rougissant de nouveau et en s'efforçant de cacher son trouble sous une apparence de dépit. Vous pouviez vous faire mal. Et comment sortirez-vous d'ici ?

Il était troublé bien plus encore qu'auparavant; mais à présent ce trouble ne me réjouissait plus et m'effrayait au contraire. J'en étais atteinte à mon tour ; je rougis, je m'écartai de lui, ne sachant plus que lui dire, et je me mis à cueillir des fruits que je ne savais où mettre. Je me faisais des reproches, je me repentais, j'avais peur, et il me semblait m'être, par cette démarche, à jamais perdue devant ses yeux. Nous restions ainsi tous les deux sans parler, et à tous deux ce silence pesait. Sonia, recourant avec la clef, nous tira de cette situation embarrassante. Nous persistions pourtant encore à ne point nous parler et nous nous adressions de préférence l'un et l'autre à Sonia. Quand nous fûmes retournés auprès de Macha, qui nous jura qu'elle n'avait pas dormi et qu'elle avait tout entendu, je me calmai, et, lui, il essaya de nouveau de reprendre son ton de protection paternelle. Mais cet essai ne lui réussit pas et ne me donna pas le change à moi-même ; j'avais encore vivant dans mon souvenir un certain entretien qui avait eu lieu entre nous deux jours auparavant.

Macha avait énoncé cette opinion qu'un homme aime plus facilement qu'une femme, et sait facilement aussi exprimer son amour. Elle s'était ainsi résumée :

— Un homme peut dire qu'il aime, et une femme ne le peut pas.

— Et moi, il me semble qu'un homme ne doit ni ne peut dire qu'il aime, avait-il répliqué.

Je lui avais demandé pourquoi.

— Parce que ce sera toujours un mensonge. Qu'est-ce que c'est que cette découverte qu'un homme *aime?* Comme s'il n'avait qu'à prononcer ce mot, et qu'il dût en sortir je ne sais quoi d'extraordinaire, un phénomène quelconque, faisant explosion d'un seul coup ! Il me semble que ces gens qui vous disent solennellement : « Je vous aime, » ou se trompent eux-mêmes, ou, ce qui est pis encore, trompent les autres.

— Ainsi, d'après vous, une femme saura qu'on l'aime, quand on ne le lui dira pas ? demanda Macha.

— Cela, je ne le sais pas; chaque homme a sa manière de parler. Mais il y a tel sentiment qui sait se faire comprendre. Quand je lis des romans, je cherche toujours à me représenter la mine embarrassée du lieutenant Crelski ou d'Alfred, quand ils disent : « Éléonore, je t'aime ! » et qu'ils pensent que, tout à coup, il va se produire quelque chose d'extraordinaire, tandis qu'il ne se produit rien du tout, ni en elle, ni en lui : visage, regard, et le reste, demeurent toujours les mêmes.

Sous cette plaisanterie j'avais alors cru discerner un sens sérieux et qui pouvait se rapporter à moi, mais Macha ne permettait pas volontiers qu'on s'appesantît sur les héros de roman.

— Toujours des paradoxes! s'était-elle écriée. Allons, soyez franc, n'avez-vous jamais dit vous-même à une femme que vous l'aimiez?

— Jamais je ne l'ai dit, jamais je n'ai fléchi un genou, avait-il répondu en riant, et jamais je ne le ferai.

— Oui, il n'a que faire de me dire qu'il m'aime, pensais-je, à présent que je me rappelais si vivement cet entretien. Il m'aime et je le sais. Et tous ses efforts pour paraître indifférent ne sauraient m'en ôter la conviction.

Pendant toute cette soirée, il me parla très peu ; mais dans chacune de ses paroles, dans chacun de ses mouvements et de ses regards je sentais l'amour et je n'en conservais aucun doute. La seule chose qui me donnât du dépit et du chagrin était de voir qu'il jugeât nécessaire encore de le cacher et de feindre la froideur, quand déjà tout était si clair et quand nous aurions pu si facilement et si simplement être heureux, au delà même du possible. Mais, d'un autre côté, je me tourmentais comme d'un crime d'avoir sauté dans la cerisaie pour le rejoindre, et il me semblait toujours qu'il avait dû cesser de m'estimer et concevoir du ressentiment contre moi.

Après le thé, j'allai au piano et il me suivit.

— Jouez quelque chose, Katia ; il y a longtemps que je ne vous ai entendue, me dit-il en me joignant dans le salon.

— Je voulais... Serge Mikaïlovitch ! Et soudain je le regardai droit dans les yeux. Vous n'êtes pas fâché contre moi?

— Et pourquoi?

— Pour ne pas vous avoir obéi cette après-dînée? dis-je en rougissant.

Il me comprit, secoua la tête et se mit à sourire. Et ce sourire disait qu'il m'aurait bien un peu grondée, en effet, mais qu'il ne se sentait plus la force de le faire.

— C'est fini, n'est-ce pas ? Et nous voilà de nouveau bons amis? dis-je en m'asseyant au piano.

— Je le crois bien !

Dans cette grande salle, très élevée de plafond, il n'y avait que deux bougies sur le piano, et le reste de la pièce demeurait plongé dans une demi-obscurité. Par les fenêtres ouvertes on découvrait les lumineux aspects d'une nuit d'été. Partout régnait le calme le plus parfait, que troublaient seuls par intervalles le craquement des pas de Macha dans le salon qui n'était point éclairé, ainsi que le cheval de Serge Mikaïlovitch qui, attaché sous une des croisées, s'ébrouait et écrasait les bordures sous ses sabots. Il s'assit derrière moi, de telle sorte que je ne pouvais le voir ; mais au sein des ténèbres incomplètes de cette chambre, dans les sons qui la remplissaient, au fond de moi-même je ressentais sa présence. Chacun de ses regards, de ses mouvements, que je ne pouvais cependant distinguer, pénétrait et retentissait dans mon cœur. Je jouai la sonate-fantaisie de Mozart, qu'il m'avait apportée et que j'avais apprise devant lui et pour lui. Je ne pensais pas du tout à ce que je jouais, mais il paraît que je jouais bien, et il me semblait que cela lui plaisait. Je partageais la jouissance qu'il éprouvait lui-même et, sans le voir, je comprenais que de sa place ses regards étaient fixés sur moi. Par un mouvement tout à fait involontaire, tandis que mes doigts continuaient à parcourir les touches sans conscience de ce qu'ils faisaient, je le regardais moi-même; sa tête se détachait sur le fond lumineux de la nuit. Il étais assis, le front appuyé sur sa main, et me contemplait attentivement de ses yeux étincelants. Je souris en surprenant ce regard et je cessai de jouer. Il sourit aussi, pencha la tête sur les notes d'un air de reproche, comme pour me demander de continuer. Quand j'eus fini, la lune, tout au sommet de sa course, jetait de vives lueurs et, à côté de la faible flamme des bougies, versait dans la pièce, par les fenêtres, des flots d'une autre clarté tout argentine qui inondait le parquet de ses reflets. Macha dit que ce que je faisais ne ressemblait à rien, que je m'étais arrêtée au plus bel endroit, et que, d'ailleurs, j'avais mal joué; il protesta au contraire que jamais je n'avais mieux réussi que ce jour-là, puis il se mit à arpenter, de la salle au salon, qui était obscur, et de nouveau du salon à la salle, et chaque fois il me regardait en souriant. Je souriais aussi, et même sans cause aucune; j'avais envie de rire, tant j'étais heureuse de ce qui s'était passé ce jour-là et à l'instant même. Pendant que la porte me le dérobait un moment, je sautai au cou de Macha et je commençai de l'embrasser à ma place favorite, sur son cou potelé et au-dessous du menton; puis, dès qu'il reparut, je repris un visage sérieux et je retins un rire à grand'peine.

— Qu'est-ce qui lui arrive aujourd'hui? lui demanda Macha.

Mais il ne répondit pas et se contenta de badiner sur mon compte. Il savait bien ce qui m'arrivait.

— Voyez un peu, quelle nuit! dit-il, du salon où il se tenait debout, devant la porte du balcon sur le jardin.

Nous allâmes le rejoindre, et, effectivement, c'était une nuit telle que je n'en ai jamais ensuite vu une semblable. La pleine lune rayonnait derrière nous, au-dessus de la maison, d'un éclat que depuis je ne lui ai plus retrouvé ; la moitié des ombres projetées par les toits, les piliers et la tente de la terrasse allait s'étaler en biais et en raccourci sur le sentier sablonneux et sur le grand ovale de gazon. Tout le surplus resplendissait de lumière et était couvert d'une rosée qu'argentaient les clartés de la lune. Un large chemin, tout bordé de fleurs, que coupait en travers, sur un de ses bords, l'ombre des dahlias et de leurs tuteurs, vraie voie lumineuse et fraîche où scintillaient des cailloux anguleux, s'allongeait dans l'espace et dans la brume. On voyait briller derrière les arbres les toits de l'orangerie, et du fond du ravin s'élevait un brouillard qui s'épaississait à tout instant. Les touffes de lilas, déjà un peu dégarnies, étaient éclairées jusqu'au pied de leurs tiges. Rafraîchies par la rosée, les fleurs pouvaient maintenant se distinguer les unes des autres. Dans les allées, l'ombre et la lumière se confondaient de telle sorte qu'on n'eût plus dit des arbres et des sentiers, mais des édifices transparents et agités de molles vibrations. Sur la droite, dans l'ombre de la maison, tout était noir, indistinct, presque effrayant. Mais au delà ressortait, plus resplendissante encore sur cette zone obscure, la tête fantastique d'un peuplier qui, par je ne sais quel effet étrange, s'arrêtait tout auprès et au-dessus de la maison dans une auréole de claire lumière, au lieu de finir dans les lointaines profondeurs de ce ciel d'un bleu sombre.

— Allons nous promener, dis-je.

Macha y consentit, mais ajouta que je devais mettre des galoches.

— Ce n'est pas nécessaire, dis-je ; Serge Mikaïlovitch me donnera le bras.

Comme si cela avait dû m'empêcher de me tremper les pieds ! Mais, dans ce moment-là, pour chacun de nous trois, pareille folie était admissible et n'avait rien d'étonnant. Il ne m'avait jamais donné le bras et à présent je le pris de moi-même, et il n'en parut pas surpris. Nous descendîmes tous les trois sur la terrasse. Tout cet univers, ce ciel, ce jardin, cet air que nous respirions, ne me semblaient plus ceux que j'avais toujours connus.

Quand je regardai devant moi, dans l'allée où nous entrions, je me figurai qu'on ne pouvait aller plus loin, que là finissait le monde possible et que tout devait y demeurer pour jamais fixé dans sa beauté présente !

Cependant, à mesure que nous avancions, cette muraille enchantée, faite de beauté pure, s'écartait devant nous et nous livrait passage, et je me retrouvais alors au milieu d'objets familiers, jardin, arbres, sentiers, feuilles sèches. Et c'était bien dans ces sentiers que nous nous promenions et que nous traversions les cercles lumineux alternés d'autres sphères de ténèbres, que les feuilles sèches bruissaient sous nos pieds et que de tendres branchages venaient me heurter le visage. C'était bien lui qui, marchant près de moi à pas lents et égaux, laissait reposer sur le sien mon bras avec réserve et circonspection. C'était bien la lune au haut des cieux qui nous éclairait à travers les branches immobiles.

Un moment je le regardai. Il n'y avait pas

un seul tilleul qui s'élevât dans la partie de l'allée que nous traversions, et son visage m'apparaissait en pleine clarté. Il était si beau et avait l'air si heureux...

Il disait : « N'avez-vous pas peur? » Et moi je l'entendais me dire : Je t'aime, chère enfant! je t'aime! je t'aime! Son regard le répétait, et son bras aussi; et la lumière et l'ombre, et l'air et toutes choses le répétaient encore.

Nous parcourûmes ainsi tout le jardin. Macha marchait auprès de nous, trottinant à petits pas et soufflant péniblement, tant elle était fatiguée. Elle dit qu'il était temps de revenir, et elle me faisait peine, grand'peine, la pauvre créature. « Pourquoi ne sent-elle pas de même que nous? pensai-je. Pourquoi tout le monde n'est-il pas toujours jeune, heureux? Comme cette nuit respire la jeunesse et le bonheur, et nous avec elle ! »

Nous revînmes à la maison, mais il ne nous quitta pas de longtemps encore. Macha oubliait de nous rappeler qu'il était tard ; nous causions de toutes sortes de choses, assez futiles d'ailleurs, restant assis près les uns des autres, sans nous douter nous-mêmes le moins du monde qu'il fût trois heures du matin. Les coqs avaient chanté leur troisième chant quand il partit. Il prit congé de nous tout comme à l'ordinaire et sans rien dire de particulier. Mais je savais à n'en pas douter qu'à dater de ce jour il était à moi et que je ne pouvais plus le perdre. Dès que j'eus ainsi bien reconnu que je l'aimais, je racontai le tout à Macha. Elle en fut joyeuse et touchée, mais la pauvre femme ne put s'endormir cette nuit-là, et, pour moi, je restai longtemps, longtemps encore, à me promener sur la terrasse, à parcourir le jardin, cherchant à me rappeler chaque parole, chaque fait, repassant dans les allées où nous avions passé ensemble. Je ne me couchai pas de toute la nuit et, pour la première fois de ma vie, je vis lever le soleil et je sus ce qu'était le grand matin. Je ne revis plus jamais ni une semblable nuit ni une matinée pareille. Seulement je me demandais pourquoi il ne me disait pas tout simplement qu'il m'aimait. Pourquoi, pensai-je, invente-t-il telle ou telle difficulté, pourquoi se traite-t-il de vieux, quand tout est si simple et si beau? Pourquoi perdre ainsi un temps précieux, qui peut-être ne reviendra jamais? Qu'il dise donc qu'il aime, qu'il le dise en propres termes, qu'il prenne ma main dans la sienne, qu'il incline la tête et qu'il dise : j'aime. Que tout rougissant il baisse les yeux devant moi, et alors je lui dirai tout. Ou plutôt je ne lui dirai rien, je l'étreindrai dans mes bras et je me mettrai à pleurer. Mais si je me trompais et s'il ne m'aimait pas ? Cette pensée me traversa tout à coup l'esprit.

Je m'effrayai de mon propre sentiment. Dieu sait où il aurait pu me conduire, et déjà le souvenir de sa confusion et de la mienne dans la cerisaie, quand je m'y étais jetée près de lui, me pesait, me serrait le cœur. Des larmes mouillèrent mes yeux et je priai. Il me vint alors une pensée assez étrange qui me donna un grand apaisement et fit renaître en moi l'espérance. Je résolus de commencer mes dévotions et de choisir le jour de ma naissance pour devenir sa fiancée.

Comment et pourquoi? Comment cela pouvait-il arriver? Je n'en savais rien, mais dans ce moment même je crus qu'il en serait ainsi. Cependant le jour était tout à fait grandi et tout le monde se levait quand je rentrai dans ma chambre.

## IV

Nous étions au *carême de l'Assomption* [1], et par conséquent personne dans la maison ne fut surpris de mon projet de faire alors mes dévotions.

Pendant toute cette semaine il ne vint pas nous voir une seule fois, et loin d'être ni surprise, ni alarmée, ou fâchée contre lui, j'étais contente qu'il ne fût pas venu, et ne l'attendais que pour le jour de ma naissance.

---

1. Cette expression, consacrée en Russie, correspond à ce qu'on appelle, dans les pays catholiques, faire une retraite préparatoire.

Dans le courant de cette même semaine, je me levai chaque jour de bonne heure, et tandis qu'on attelait, seule et me promenant à travers le jardin, je songeais au passé en méditant sur ce qu'il me fallait faire pour me trouver le soir contente de ma journée et fière de n'avoir point commis de fautes...

Quand les chevaux étaient avancés, accompagnée de Macha ou d'une femme de chambre je montais en droschki et nous partions pour l'église, à trois verstes environ. En entrant dans l'église, je me souvenais chaque fois qu'on y prie pour tous ceux « qui y entrent avec la crainte de Dieu, » et je m'efforçais de m'élever jusqu'à cette pensée, surtout au moment où je gravissais les deux marches du parvis que les herbes envahissaient. Il n'y avait d'ordinaire à cette heure-là dans l'église guère plus d'une dizaine de personnes, paysans et droroviés, se préparant à faire leurs dévotions ; je m'appliquais à répondre avec une humilité empressée à leurs saluts, et j'approchais moi-même, ce que je regardais comme un exploit, du tiroir des cierges pour en prendre quelques-uns des mains du vieux soldat qui faisait fonction de staroste[1], puis j'allais les placer devant les images. Au travers de la porte du sanctuaire j'apercevais la nappe d'autel que maman avait brodée, et au-dessus de l'iconostase deux anges parsemés d'étoiles, que je trouvais bien grands alors que j'étais petite fille, et une colombe entourée d'une auréole dorée qui, à cette

---

1. On appelle *staroste*, dans les églises orthodoxes, celui qui, dans nos campagnes, remplit l'office de marguillier, fait la quête, etc.

même époque, absorbait souvent mon attention. Derrière le chœur j'entrevoyais les fonts baptismaux tout bosselés sur lesquels j'avais tant de fois tenu les enfants de nos droroviés, et où moi-même j'avais été baptisée. Le vieux prêtre paraissait, portant une chasuble taillée dans le drap du cercueil de mon père, et il entonnait l'office de cette même voix qui, aussi loin que je me souvenais de moi-même, avait chanté dans notre maison les offices de l'église, et au baptême de Sonia, et au service funèbre de mon père, et aux funérailles de ma mère. Puis j'entendais retentir dans le chœur cette autre voix fêlée du chantre, pour moi aussi familière ; je voyais, comme je l'avais toujours vue, une certaine vieille courbée en deux qui, à tous les offices, adossée contre la muraille et serrant entre ses mains jointes un mouchoir tout déteint, contemplait avec des yeux pleins de larmes une des images du chœur et marmottait je ne sais quelles prières de sa bouche édentée. Et tous ces objets, tous ces êtres, ce n'était plus la simple curiosité ou les seules réminiscences qui les rapprochaient de moi : tous se montraient à mes yeux grands et saints, tous remplis d'un sens profond.

Je prêtais une oreille attentive à chacune des paroles de la prière dont j'écoutais la lecture, je cherchais à mettre mon sentiment d'accord avec elles, et si je ne les comprenais pas, je demandais mentalement à Dieu de m'éclairer, ou bien je substituais ma propre prière à celle que je n'avais pas bien entendue. Quand on lisait les prières de la pénitence, je me rappelais mon passé, et ce passé de mon innocente enfance me semblait si noir, en regard de l'état de sérénité où mon âme était en ce moment, qu'épouvantée, je pleurais sur moi-même; mais je sentais en même temps que tout m'était pardonné, et qu'alors même que j'aurais eu beaucoup plus de fautes encore à me reprocher, le repentir en aurait été d'autant plus doux.

A la fin de l'office, au moment où le prêtre prononçait ces paroles : « Que la bénédiction du Seigneur soit sur vous, » je croyais éprouver instantanément en moi et se communiquer à toute ma personne un sentiment de bien-être même physique, comme si un courant de lumière et de chaleur m'eût tout à coup pénétrée jusqu'au cœur.

L'office terminé, si le prêtre s'approchait de moi et me demandait s'il ne devrait pas venir célébrer les vêpres chez nous, et quand il le faudrait, je le remerciais avec émotion de ce qu'il voulait faire à mon intention, et je lui disais que je viendrais moi-même, à pied ou en voiture.

— Ainsi, vous voulez vous-même en prendre la peine ? me répondait-il.

Je ne savais que répondre, de peur de pécher par orgueil.

De l'église, je renvoyais toujours la voiture, si je n'étais pas avec Macha, et je revenais seule à pied, saluant profondément et humblement tous ceux que je rencontrais, cherchant les occasions de les secourir, de leur donner des conseils, de me sacrifier pour eux en quelque façon, aidant à relever une voiture, berçant un enfant, entrant dans la boue pour livrer le passage.

Un soir j'entendis dire à l'intendant, qui en

faisait le rapport à Macha, qu'un paysan, Simon, était venu demander une volige pour le cercueil de sa fille, et en argent un rouble pour son office mortuaire, et qu'il le lui avait donné.

— Est-ce qu'ils sont si pauvres ? demandai-je.

— Très pauvres, Mademoiselle, ils vivent sans sel [1], répondit l'intendant.

J'eus le cœur serré, et en même temps je me réjouis, en quelque sorte, de l'avoir appris. Faisant croire à Macha que j'allais me promener, je courus en haut, je pris tout ce que j'avais d'argent (il y en avait très peu, mais c'était tout ce que je possédais); puis, ayant fait le signe de la croix, je partis seule, à

1. Locution russe énergique pour exprimer une grande misère.

travers la terrasse et le jardin, vers le village, pour gagner la chaumière de Simon. Elle était tout à l'extrémité, et, n'ayant été vue de personne, je m'approchai de la fenêtre; sur cette fenêtre je déposai l'argent et j'y heurtai. Alors la porte grinça, quelqu'un sortit de la chaumière et m'appela; mais moi, toute glacée et tremblante de peur, comme une criminelle, je m'enfuis à la maison. Macha me demanda d'où je venais, ce que j'avais? Mais je ne compris même pas ce qu'elle disait et je ne lui répondis point. Tout, en ce moment, me paraissait si peu de chose et de si peu de conséquence! Je m'enfermai dans ma chambre et j'y marchai longtemps, seule, en long et en large, ne me sentant dans la disposition de rien faire, de rien penser, et incapable de me rendre aucun compte de mes propres sentiments. Je me représentais la joie de toute une famille, les paroles échappées de leur bouche à l'adresse de celui qui avait déposé l'argent, et cela me faisait de la peine maintenant de ne le leur avoir point donné moi-même. Je me demandais ce qu'aurait dit Serge Mikaïlovitch, s'il avait appris cette démarche, et je me réjouissais de ce qu'il ne la connaîtrait jamais. Et j'étais saisie d'une telle joie, si pénétrée de l'imperfection de tous et de moi-même, je considérais moi et tous les autres avec tant de douceur, que la pensée de la mort s'offrait à moi comme une vision de bonheur. Je souriais, je priais, je pleurais, et dans cet instant j'aimai tout à coup tous les êtres qui sont au monde, et je m'aimai moi-même d'une étrange ardeur. En cherchant dans les offices, je lus beaucoup de passages de l'Évangile, et tout ce que je lisais de ce livre me devenait de plus en plus intelligible; plus touchante et plus simple me paraissait l'histoire de cette vie divine, plus terribles et plus impénétrables ces profondeurs de sentiments et de pensées que je découvrais au travers de cette lecture. Mais aussi, combien tout me parut clair et facile quand, en quittant le livre, j'envisageai de nouveau la vie où j'étais jetée et que je méditai sur elle. Il me sembla impossible de ne point bien vivre, et très simple d'aimer tout le monde comme d'être aimée de chacun. Tout le monde, d'ailleurs, était bon et doux avec moi, même Sonia, dont je continuais les leçons, et qui était devenue tout autre, qui s'efforçait de tout comprendre, de me satisfaire et de ne pas me chagriner. Ce que je cherchais à être pour les autres, les autres l'étaient pour moi.

Passant ensuite à mes *ennemis*, de qui je devais obtenir le pardon avant le grand jour, je me souvins seulement d'une demoiselle du voisinage dont, il y avait un an de cela, je m'étais moquée devant des visiteurs et qui avait cessé de venir nous voir. Je lui écrivis une lettre où je reconnaissais ma faute et où je lui demandais son pardon. Elle me répondit en sollicitant le mien, elle aussi, et en me pardonnant elle-même. Je versai des larmes de plaisir en lisant ces simples lignes, qui me parurent alors remplies d'un sentiment si profond et si touchant. Ma bonne pleura quand je lui demandai également pardon. Pourquoi tous étaient-ils si bons pour moi? Comment avais-je mérité tant d'affection? me demandai-je.

Je me souvins alors involontairement de Serge Mikaïlovitch et je pensai à lui. Je ne pouvais faire autrement, et je ne comptai même point du tout cette distraction pour une légèreté. Il est vrai, je ne pensai aucunement à lui de la façon dont je l'avais fait cette nuit où, pour la première fois, je découvris que je l'aimais; je pensais à lui tout comme à moi-même, l'associant, malgré moi, à chacune des préoccupations de mon avenir. L'influence dominante que sa présence avait exercée sur moi s'effaçait complètement dans mon imagination. Je me sentais aujourd'hui son égale, et, du sommet de l'édifice idéal où je planais, j'avais de lui une pleine compréhension. Tout ce qui, chez lui, m'avait auparavant paru étrange, me devenait intelligible. Je savais apprécier aujourd'hui seulement cette pensée qu'il m'avait exprimée, que le bonheur ne consiste qu'à vivre pour les autres, et aujourd'hui

J'en tombais parfaitement d'accord avec lui. Il me semblait qu'à nous deux nous jouirions d'un bonheur calme et illimité. Et je ne me représentais ni départ pour l'étranger, ni monde, ni éclat, mais toute une existence paisible, vie de famille à la campagne, abnégation perpétuelle de la volonté propre, amour perpétuel l'un de l'autre, reconnaissance perpétuelle et absolue de la douce et secourable Providence.

Je fis mes dévotions, ainsi que je me l'étais proposé, le jour anniversaire de ma naissance. Mon cœur débordait tellement de bonheur quand, ce jour-là, je revins de l'église, qu'il en résultait pour moi toutes sortes de craintes, crainte de la vie, crainte de chaque sensation, crainte de tout ce qui pouvait troubler ce bonheur. Mais à peine étions-nous descendues du droschki sur le perron, que j'entendis retentir

sur le pont le bruit si connu du cabriolet de
Serge Mikaïlovitch et que je l'aperçus lui-
même. Il m'adressa ses félicitations et nous en-
trâmes ensemble au salon. Jamais, depuis que
je le connaissais, je ne m'étais trouvée si tranquille auprès de lui, ni si indépendante que ce
matin-là. Je sentais que je portais en moi un
monde tout entier, tout nouveau, qu'il ne comprenait pas et qui lui était supérieur. Je ne
sentais pas auprès de lui la moindre agitation.
Peut-être comprit-il pourtant ce qui se passait
en moi, car il me montra une douceur d'une
délicatesse particulière et comme une religieuse
déférence. Je m'étais approchée du piano, mais
il le ferma et en mit la clef dans sa poche en
disant :

— Ne gâtez point l'état d'esprit où je vous
vois ; il se joue en vous, à l'heure qu'il est, au

fond de votre âme, une musique dont n'approche aucune harmonie de ce monde !

Je lui fus reconnaissante de cette pensée, et, en même temps, il me fut un peu désagréable qu'il comprît ainsi et trop facilement, trop clairement, tout ce qui, dans le domaine de mon âme, devait rester secret pour tous.

Après le dîner, il dit qu'il était venu me féliciter et aussi me faire ses adieux, parce que le lendemain il partait pour Moscou. En prononçant ces mots il regarda Macha, et ensuite il me jeta rapidement un coup d'œil, comme s'il craignait de remarquer quelque émotion sur mon visage. Mais je ne parus ni étonnée, ni troublée, et je ne lui demandai même pas si son absence serait longue. Je savais qu'il tiendrait ce langage et je savais qu'il ne partirait pas. Comment le savais-je ? Je ne peux maintenant l'expliquer en aucune façon ; mais dans ce jour mémorable il me semblait que je savais tout ce qui avait été et tout ce qui serait. J'étais comme dans un de ces rêves heureux où l'on a une sorte de vision lumineuse de l'avenir comme du pasés.

Il voulait partir aussitôt après le dîner ; mais Macha, en sortant de table, alla faire sa sieste, et il dut attendre qu'elle se réveillât, afin de lui dire adieu.

Le soleil donnait en plein dans le salon, nous nous rendîmes sur la terrasse. A peine étions-nous assis que j'entamai, avec un calme parfait, la conversation qui allait décider du sort de mon amour. Je commençai donc à parler, ni plus tôt ni plus tard, mais à la minute même où nous nous trouvâmes en face l'un de l'autre, et il ne fut rien dit de plus ; il ne se glissa dans le ton et le caractère général de l'entretien rien qui pût entraver ce que j'avais voulu dire. Je ne puis moi-même comprendre d'où me vinrent ce calme, cette résolution et cette précision dans mes paroles. On eût dit que ce n'était pas moi qui parlais et que je ne sais quoi d'indépendant de ma propre volonté me faisait parler. Il était assis en face de moi, et, ayant tiré à lui une branche de lilas, il l'arracha avec ses feuilles. Quand j'ouvris la bouche, il laissa échapper cette branche et se couvrit le visage avec la main. Cette pose pouvait être celle d'un homme parfaitement calme, aussi bien que celle d'un homme livré à une grande agitation.

— Pourquoi partez-vous ? commençai-je d'un ton résolu; et je m'arrêtai en le regardant droit dans les yeux.

Il ne répondit pas tout de suite.

— Une affaire ! articula-t-il en baissant les yeux.

Je compris qu'il lui semblait difficile de feindre devant une question faite par moi aussi franchement.

— Écoutez, dis-je, vous savez ce qu'est pour moi le jour où nous sommes. Sous beaucoup de rapports, c'est un grand jour. Si je vous interroge, ce n'est pas seulement pour vous témoigner de l'intérêt (vous savez que je suis habituée à vous et que je vous aime), je vous interroge parce qu'il me faut savoir. Pourquoi partez-vous ?

— Il m'est excessivement difficile de vous dire la vérité, de vous dire pourquoi je pars. Pendant cette semaine j'ai beaucoup pensé à vous et à moi-même, et j'ai décidé qu'il me fallait partir. Vous comprenez... pourquoi? et si vous m'aimez, ne m'interrogez pas.

Il s'essuya le front avec la main, et, de cette même main, se couvrit les yeux, en ajoutant :

— Cela m'est pénible... Mais vous comprenez, Katia.

Le cœur commençait à battre fortement dans ma poitrine.

— Je ne puis comprendre, dis-je, *je ne le puis;* mais *vous*, parlez-moi, au nom de Dieu, au nom de ce jour où nous sommes, parlez-moi, je pourrai tout entendre avec calme.

Il changea d'attitude, me regarda et releva la branche de lilas.

— Du reste, reprit-il après un instant de silence et d'une voix qui voulait en vain paraître ferme, bien que ce soit absurde et presque impossible à traduire en paroles, bien qu'il m'en coûte, j'essaierai de vous donner des explications; — et, en achevant ces mots, il fronça le sourcil, comme s'il eût ressenti quelque douleur physique.

— Allons ! dis-je.

— Figurez-vous qu'il y avait un monsieur, mettons qu'il s'appelait A., vieux et fatigué de la vie, et une madame B., jeune, heureuse et ne connaissant encore ni le monde ni la vie. Par suite de diverses relations de famille, il l'aimait comme une fille et ne redoutait pas d'en venir à l'aimer autrement.

Il se tut et je ne l'interrompis pas.

— Mais, poursuivit-il tout à coup d'une voix brève et résolue et sans me regarder, il avait oublié que B. était jeune, que la vie n'était encore pour elle qu'un jeu, qu'il pouvait arriver facilement qu'il l'aimât, et que B. pouvait s'en amuser. Il s'était trompé, et un beau jour il s'aperçut qu'un autre sentiment, pesant à porter comme un remords, s'était glissé dans son âme, et il s'en effraya. Il craignit de voir leurs anciennes relations de bonne amitié ainsi compromises, et il se décida à s'éloigner avant qu'elles eussent eu le temps de changer de nature.

En disant ces mots, il passa de nouveau la main sur ses yeux, avec une négligence apparente, et les en couvrit.

— Et pourquoi craignait-il d'aimer autrement? dis-je aussitôt en contenant mon émotion, et d'une voix ferme; mais sans doute lui sembla-t-elle badine, car il me répondit de l'air d'un homme blessé :

— Vous êtes jeune, moi je ne le suis plus. Il peut vous plaire de jouer; pour moi, il me faut autre chose. Seulement, ne vous jouez pas de moi, car je vous assure que, pour moi, ce ne serait pas bon, et que, pour vous, il y aurait conscience à le faire. Voilà ce que dit A., ajouta-t-il, mais tout cela est une absurdité; vous comprenez maintenant pourquoi je pars; n'en parlons plus, je vous en prie...

— Si, si, parlons-en! dis-je, et les larmes me faisaient trembler la voix. L'aimait-elle ou non?

Il ne répondit pas.

— Et s'il ne l'aimait pas, repris-je, pourquoi jouait-il avec elle comme avec une enfant?

— Oui, oui, A. avait été coupable, répondit-il en m'interrompant; mais tout cela est fini, et ils se sont quittés... bons amis.

— Mais c'est affreux! et il n'y a pas une autre fin? demandai-je, effrayée de ce que je disais.

— Si, il y en a une. Et il découvrit son

visage troublé et en me regardant en face: Il y a même deux fins différentes. Seulement, pour l'amour de Dieu, ne m'interrompez plus et écoutez-moi tranquillement. Les uns disent, recommença-t-il en se levant et en souriant d'un sourire douloureux et pénible; les uns disent que A. est devenu fou, qu'il aime B. d'un amour insensé et qu'il le lui a dit... Mais elle s'est contentée d'en rire. Pour elle, ce n'avait été que badinage; pour lui, l'affaire entière de sa vie.

Je frissonnai et voulus l'interrompre, dire qu'il ne devait point oser parler pour moi; mais il me retint et, posant sa main sur la mienne :

— Attendez, acheva-t-il d'une voix tremblante : d'autres disent qu'elle a eu pitié de lui, qu'elle s'imagina, la malheureuse qui ne connaissait pas le monde, pouvoir effectivement l'aimer et qu'elle consentît à être sa femme. Et lui, comme un insensé, il crut, il crut que toute sa vie commençait à nouveau ; mais elle-même s'aperçut qu'elle le trompait et qu'il la trompait... Ne parlons pas de cela plus longtemps, conclut-il, évidemment hors d'état de parler en effet davantage; et il vint en silence se replacer en face de moi.

Il disait : « N'en parlons plus », et il était manifeste que, de toutes les forces de son âme, il attendait un mot de moi. Je voulais effectivement parler et je ne le pouvais pas; quelque chose me comprimait la poitrine. Je le regardai, il était pâle et sa lèvre inférieure tremblait. Il me faisait une peine extrême. Je fis un nouvel effort, et tout à coup, réussissant à rompre le silence qui me paralysait, je dis d'une voix lente, concentrée, que je craignais à chaque instant de voir se briser :

— Il y a une troisième fin à l'histoire (je m'arrêtai, mais il resta muet), et cette troisième fin, c'est qu'il n'aimait pas, qu'il lui fit mal, grand mal, qu'il croyait en avoir le droit, qu'il partit, et bien mieux, qu'il s'en montra fier. Ce n'est pas de mon côté, mais du vôtre qu'il y a eu badinage; du premier jour je vous aimai; je vous aimai, répétai-je, et sur ce mot « j'aimai », ma voix passa involontairement de son expression lente et concentrée à une sorte de cri sauvage qui m'effraya moi-même.

Il se tenait pâle et debout devant moi, sa lèvre tremblait de plus en plus fort, et deux larmes jaillirent le long de ses joues.

— C'est mal! eus-je peine à m'écrier, me sentant étouffer de courroux et de pleurs inassouvis. Et pourquoi?... continuai-je en me levant pour m'éloigner.

Mais il se précipita vers moi. Bientôt sa tête reposait sur mes genoux, ses lèvres baisaient et rebaisaient mes mains tremblantes, et il les baignait de ses larmes.

— Mon Dieu, si j'avais su! murmurait-il.

— Pourquoi? pourquoi ? répétais-je machinalement, et mon âme était remplie d'un de ces bonheurs qui ensuite s'évanouissent pour jamais, d'un de ces bonheurs qui ne reviennent plus.

Au bout de cinq minutes, Sonia courait en haut auprès de Macha et par toute la maison, criant que Katia allait épouser Serge Mikaïlovitch.

## V

Il n'y avait aucun motif de différer notre noce, et ni lui ni moi ne le désirions. A la vérité, Macha aurait voulu aller à Moscou pour acheter et commander le trousseau, et la mère de Serge demandait à son fils qu'avant de se marier, il achetât une nouvelle voiture et des meubles, et fît tapisser la maison de tentures fraîches; mais nous insistâmes tous les deux pour que cela se fît plus tard, et que notre mariage eût lieu deux semaines après l'anniversaire de ma naissance, sans bruit, ni trousseau, ni hôtes, ni garçons de noce, ni souper, ni champagne et sans aucun des attributs traditionnels d'un mariage. Il me raconta combien sa mère était mécontente que la noce dût ainsi se passer sans musique et sans une avalanche de caisses, et sans que toute la maison se trouvât remise à neuf, comme lors de ses propres noces, qui avaient coûté trente mille roubles; combien, à son insu, elle avait fouillé de coffres dans les garde-meubles, et combien elle avait tenu de sérieux conseils avec Mariouchka la ménagère, au sujet de certains tapis, rideaux, plateaux indispensables à notre bonheur. De notre côté, Macha en faisait autant avec ma bonne Kouzminichna. Et là-dessus elle n'entendait pas raillerie ; elle était fermement persuadée que quand Serge et moi parlions ensemble de notre avenir, nous ne faisions pas autre chose que nous dire des douceurs, comme il convenait dans notre position mutuelle; mais que la substance même de notre bonheur futur dépendait uniquement de la bonne coupe et des broderies de mes vêtements, ainsi que de l'ourlet régulier des nappes et des serviettes. Entre Pokrovski et Nikolski, chaque jour et plusieurs fois par jour, on se communiquait mystérieusement des informations sur la manière dont les choses se préparaient, et bien qu'entre Macha et la mère de Serge il y eût tous les dehors des plus tendres rapports, on sentait cependant percer de l'une à l'autre une certaine diplomatie hostile et raffinée.

Tatiana Semenovna, sa mère, avec qui maintenant j'avais fait plus ample connaissance, était une femme de l'ancien régime, guindée et maîtresse de maison sévère. Serge l'aimait non seulement par devoir comme un fils, mais aussi par sentiment, comme un homme qui voyait en elle la meilleure, la plus intelligente, la plus tendre et la plus aimable femme du monde. Tatiana Semenovna avait toujours été bonne pour nous et pour moi en particulier, et se montrait joyeuse que son fils se mariât; mais quand je devins la fiancée de ce fils, il me sembla qu'elle voulait me faire sentir qu'il aurait pu trouver un meilleur parti et que je ne devais pas manquer de m'en souvenir toujours. Je l'avais parfaitement comprise et j'étais tout à fait de son avis.

Pendant ces deux dernières semaines, nous nous vîmes chaque jour; il venait dîner et restait jusqu'à minuit ; mais quoiqu'il me dît souvent, et je savais qu'il disait vrai, qu'il ne pourrait vivre sans moi, jamais il ne passait auprès de moi la journée entière, et il faisait en sorte de poursuivre le soin de ses affaires. Nos relations demeurèrent au dehors, jusqu'à la noce, ce qu'elles avaient été auparavant ; nous continuâmes à employer le *vous* l'un à l'égard de l'autre ; il ne me baisait même pas la main, et non seulement il ne cherchait pas, mais il évitait les occasions de se trouver tête à tête avec moi, comme s'il eût craint de trop se livrer à la grande et dangereuse tendresse qu'il portait en lui.

Tous ces jours-là le temps fut mauvais, et nous en passions la plus grande partie dans la chambre ; nos entretiens avaient lieu dans l'angle qui sépare le piano et la fenêtre.

— Savez-vous qu'il y a une chose dont je veux vous parler depuis longtemps ? me dit-il un jour que nous étions assis assez tard et en tête-à-tête dans ce même coin. Pendant que vous étiez au piano, je n'ai pas cessé d'y penser.

— Ne me dites rien, je sais tout, répondis-je.

— En effet, n'en parlons pas.

— Non, au fait, parlez ; qu'est-ce que c'est? demandai-je.

— Voilà ce que c'est. Vous vous souvenez, quand je vous ai raconté l'histoire de A. et de B. ?

— Comment ne pas me rappeler cette sotte histoire! C'est encore heureux qu'elle se soit terminée ainsi...

— Un peu plus, et j'aurais détruit mon bonheur de mes propres mains; vous m'avez sauvé; mais le plus fort, c'est que je mentais alors; j'en ai conscience et je veux aujourd'hui tout vous dire.

— Ah! de grâce, ne le faites pas.

— Ne craignez rien, dit-il en souriant, il me faut seulement me justifier. Quand je commençai à vous parler, je voulais discuter.

— Pourquoi discuter? dis-je, c'est ce qu'il ne faut jamais.

Il se tut en me regardant, puis il reprit :

— Au bout du compte, ce n'était pourtant pas une absurdité que je disais alors; évidemment il y avait de quoi craindre, et j'en avais le droit. Tout recevoir de vous et vous donner si peu ! Vous êtes encore une enfant, vous êtes le bouton qui n'est pas épanoui, vous aimez pour la première fois, tandis que moi...

— Oh! oui, dites-moi la vérité, m'écriai-je. Mais tout à coup j'eus peur de sa réponse. Non, ne me dites rien, ajoutai-je.

— Si j'ai aimé auparavant? est-ce cela? dit-il, devinant instantanément ma pensée. Cela, je puis vous le dire. Non, je n'ai pas aimé. Jamais rien de pareil à ce sentiment... Aussi, ne voyez-vous pas qu'il me fallait bien réfléchir avant de vous dire que je vous aimais? Qu'est-ce que je vous donne? L'amour, c'est vrai.

— Est-ce si peu? dis-je en le regardant en face.

— Oui, c'est peu, mon amie, peu pour vous. Vous avez la beauté et la jeunesse. Souvent, la nuit, le bonheur m'empêche de dormir; je pense sans cesse comment nous allons vivre ensemble. J'ai déjà beaucoup vécu, et cependant il me semble que je viens seulement de rencontrer ce qui fait le bonheur. Une douce vie, tranquille, dans notre coin retiré, avec la possibilité de faire du bien à ceux à qui il est si facile d'en faire et qui pourtant y sont si peu habitués ; puis le travail, le travail d'où, on le sait, ressort toujours quelque profit ; puis ensuite le délassement, la nature, les livres, la musique, l'affection de quelque personne intime : voilà mon bonheur, un bonheur plus élevé que je n'en ai jamais rêvé. Et au-dessus de tout cela, une amie telle que vous, peut-être une famille, en un mot tout ce qu'un homme peut désirer en ce monde !

— Oui, dis-je.

— Pour moi qui ai dépassé la jeunesse, oui ; mais pour vous, reprit-il. Vous n'avez pas encore vécu ; dans autre chose peut-être vous eussiez voulu poursuivre le bonheur, et dans cette autre chose peut-être vous l'eussiez trouvé. Il vous semble à présent que tout cela, c'est en effet le bonheur, parce que vous m'aimez...

— Non, je n'ai jamais désiré ni aimé autre chose que cette douce vie de famille. Et vous venez de dire précisément ce que je pense moi-même.

Il sourit.

— Il vous semble ainsi, mon amie. Mais c'est peu pour vous. Vous avez la beauté et la jeunesse, répéta-t-il pensivement.

Cependant, je commençais à m'irriter de voir qu'il ne voulût pas me croire et qu'il eût en quelque sorte l'air de me reprocher ma beauté et ma jeunesse.

— Allons, pourquoi m'aimez-vous? dis-je avec quelque colère : pour ma jeunesse ou pour moi-même?

— Je ne sais, mais j'aime, répondit-il en attachant sur moi un regard observateur et plein de séduction.

Je ne répondis rien et, involontairement, je le regardai dans les yeux. Tout à coup, il m'arriva quelque chose d'étrange. Je cessai de voir ce qui m'entourait, son visage lui-même disparut de devant moi, et je ne distinguai plus que le feu de ses yeux droit en face des miens; puis il me sembla que ces mêmes yeux pénétraient en moi, puis tout devint confus, je ne vis plus rien du tout et je fus obligée de fermer à demi les paupières pour m'arracher à ce sentiment mêlé de jouissance et d'effroi que ce regard avait produit en moi.

La veille du jour fixé pour le mariage, vers le soir, le temps s'éclaircit. Et après ces pluies, par où avait commencé l'été, se leva la première soirée brillante de l'automne. Le ciel était pur, rigide et pâle. J'allai me coucher, heureuse de la pensée qu'il ferait beau le lendemain pour notre jour de noce. Ce matin-là, je me réveillai en face du soleil et avec le sentiment que c'était déjà pour aujourd'hui... comme si cela m'eût effrayée et étonnée. J'allai au jardin. Le soleil venait seulement de se lever et brillait à travers les tilleuls de l'allée, dont les rameaux jaunis s'effeuillaient et jonchaient le sentier. Sur le ciel froid et serein, on n'aurait pu découvrir un seul nuage.

Est-il bien possible que ce soit aujourd'hui ? me demandai-je, n'osant croire à mon propre bonheur. Est-il possible que demain je ne me réveillerai point ici, que je me réveillerai dans cette maison de Nikolski, avec ses colonnes, qui m'est à présent étrangère ! Est-il possible que désormais je ne l'attendrai plus, je n'irai point à sa rencontre, je ne parlerai plus de lui le soir avec Macha? Je ne m'assiérai plus au piano près de lui dans notre salle de Pokrovski? Je ne le reconduirai plus, en tremblant de peur derrière lui, par la nuit obscure? Pourtant, je me rappelais que la veille il m'avait dit que c'était pour la dernière fois qu'il venait, et, d'un autre côté, que Macha m'avait engagée à essayer ma robe de noces. De sorte que, par moments, je croyais, puis que, de nouveau, je doutais. Était-ce bien vrai que, ce même jour, j'allais commencer à vivre avec une belle-mère, sans Nadine, sans le vieux Grégoire, sans Macha? Que le soir, je n'embrasserais plus ma bonne et ne l'entendrais plus me dire, en faisant le signe de la croix, suivant la vieille coutume : « Bonne nuit, Mademoiselle. » Je n'allais plus donner à Sonia des leçons et jouer avec elle? Heurter le matin à travers la muraille et entendre son rire sonore? Était-il possible que ce fût bien aujourd'hui que je devinsse en quelque sorte étrangère à moi-même, et qu'une vie nouvelle, réalisant mes espérances et mes vœux, s'ouvrît à moi? Et était-il possible que cette vie nouvelle commençât pour toujours? J'attendais Serge avec impatience, tant il m'était difficile de rester seule avec ces pensées. Il arriva de bonne heure, et c'est seulement quand il fut là que je demeurai pleinement convaincue que j'allais aujourd'hui même être sa femme, et cette idée n'avait plus rien qui m'effrayât.

Avant le dîner, nous nous rendîmes à notre église pour y entendre les prières des morts à l'intention de mon père.

Que n'est-il encore de ce monde! pensai-je quand nous revînmes à la maison et que je me tenais appuyée en silence sur le bras de l'homme qui avait été le meilleur ami de celui auquel je pensais. Pendant le temps où l'on récitait les prières, la tête prosternée contre la dalle froide du pavé de la chapelle, je m'étais si vivement représenté mon père que j'avais cru, en vérité, que son âme me comprenait et bénissait mon choix, et je m'étais figuré qu'à ce moment-là même cette âme planait au-dessus de nous, et que sa bénédiction reposait sur moi. Et ces souvenirs, ces espérances, le bonheur et la tristesse se confondaient pour moi en un seul sentiment solennel et doux à la fois, avec lequel cadraient cet air vif et immobile, ce calme, cette nudité des champs, ce ciel pâle, dont les rayons brillants, mais affaiblis, essayaient en vain de brûler mes joues. Je me persuadai que celui qui m'accompagnait comprenait, lui aussi, mes sentiments et les partageait. Il marchait à pas lents et en silence, et sur son visage, que je regardais de temps en temps, se peignait cet état intense de l'âme qui n'est ni la tristesse ni la joie, et qui était en harmonie avec la nature et avec mon cœur.

Tout à coup, il se tourna vers moi, et je vis qu'il avait quelque chose à me dire. Eh quoi ! s'allait ne pas me parler de ce qui occupait ma pensée ? Mais précisément il me parla de mon père, et, sans même le nommer, il ajouta :

— Il lui arriva un jour de me dire en plaisantant : « Tu épouseras ma petite Katia ! »

— Qu'il eût été heureux aujourd'hui, repartis-je en me serrant plus fortement encore contre son bras, qui soutenait le mien.

— Oui, vous étiez encore une enfant, poursuivit-il en plongeant son regard jusqu'au fond de mes yeux ; je baisais alors ces yeux-là et je les aimais uniquement parce qu'ils étaient semblables aux siens, et j'étais loin de penser qu'un jour ils me seraient si chers par eux-mêmes.

Nous continuions à marcher doucement sur ce sentier champêtre, à peine frayé, à travers le chaume tout piétiné et tout couché, et nous n'entendions d'autre bruit que celui de nos pas et de nos voix. Le soleil répandait des flots d'une lumière dépourvue de chaleur. Quand nous parlions, nos voix résonnaient et demeuraient comme en suspens au-dessus de nos têtes au sein de cette atmosphère immobile : on eût dit que nous étions seuls au sein du monde entier, seuls sous cette voûte azurée où se jouaient les étincelantes vibrations de ce soleil sans ardeur.

Quand nous rentrâmes à la maison, sa mère était déjà arrivée, ainsi que les hôtes que nous n'avions pu nous dispenser d'inviter, et je ne me retrouvai plus seule avec lui jusqu'au moment où, sortant de l'église, nous montâmes en voiture pour aller à Nikolski.

L'église était presque vide, et, d'un coup d'œil, j'aperçus sa mère qui se tenait debout sur un tapis, près du chœur, Macha, coiffée de son bonnet à rubans lilas et les joues couvertes de larmes, et deux ou trois droroviés qui me regardaient avec curiosité. J'écoutais les prières, je les répétais, mais sans qu'elles retentissent dans mon âme. Je ne pouvais prier moi-même et je regardais stupidement les images, les cierges, la croix brodée sur la chasuble dont le prêtre était revêtu, l'iconostase, les fenêtres de l'église, et à tout cela je ne comprenais rien. Je sentais seulement qu'il s'accomplissait à mon égard quelque chose d'extraordinaire. Quand le prêtre se retourna vers nous avec la croix, qu'il nous félicita et dit qu'il m'avait baptisée et que Dieu lui avait permis aussi de me marier; quand Macha et la mère de Serge nous eurent embrassés; quand j'entendis la voix de Grégoire appelant la voiture, je m'étonnai et m'effrayai de la pensée que tout était fini, sans que rien d'extraordinaire ni de correspondant au sacrement qui venait de s'accomplir sur moi ne se fît jour à travers mon âme. Nous nous embrassâmes tous deux, et ce baiser me parut si bizarre, si étranger à notre sentiment intime, que je ne pus m'empêcher de penser : « Ce n'est que cela? » Nous nous rendîmes sur le parvis, le bruit des roues retentit fortement sous la voûte de l'église ; un air frais embauma mon visage, tandis que lui, le chapeau sous le bras, m'aidait à m'asseoir dans la voiture. Par les glaces, j'aperçus la lune rayonnant dans son orbite des soirées glaciales. Il s'assit auprès de moi et referma sur lui la portière. Quelque chose en ce moment me perça le cœur, comme si l'assurance avec laquelle il le faisait m'eût blessée. Les roues heurtèrent une pierre, puis elles s'engagèrent sur un chemin plus mou, et nous partîmes. Pelotonnée dans un coin de la voiture, je contemplais au loin par la portière les champs inondés de lumière et la route qui semblait fuir. Et sans le regarder, je sentais néanmoins qu'il était là tout contre moi. « Voilà donc tout ce que m'apporte cette première minute dont j'attendais tant de choses ? pensai-je, et j'éprouvai tout à la fois une humiliation et une offense de me trouver assise ainsi seule avec lui et si près de lui. Je me retournai de son côté avec l'intention de lui dire n'importe quoi. Mais aucune parole ne sortit de mes lèvres; on eût dit qu'il n'y avait plus en moi trace de mon ancienne tendresse et que cette impression d'offense et d'effroi l'avait toute remplacée

— Jusqu'à cet instant je n'osais toujours pas croire que cela pouvait être, répondit-il doucement à mon regard.

— Et moi, j'ai peur, je ne sais pourquoi.

— Peur de moi, Katia? me dit-il en prenant ma main et en inclinant sa tête sur elle.

Ma main reposait sans vie sur la sienne et mon cœur glacé cessait douloureusement de battre.

— Oui, murmurai-je.

Mais, à ce moment même, mon cœur, tout à coup, se mit à battre plus fort, ma main trembla et saisit la sienne, la chaleur me revint; mes regards, dans la demi-obscurité, cherchèrent ses regards, et je sentis soudain que je n'avais plus peur de lui; que cet effroi, c'avait été de l'amour tout nouveau, encore plus tendre et plus puissant qu'auparavant. Je sentis que j'étais tout entière à lui et que j'étais heureuse d'être en sa puissance.

## VI

Les jours, les semaines, deux mois entiers de vie solitaire à la campagne passèrent inaperçus, nous sembla-t-il; mais il eût suffi des sensations, des émotions et du bonheur de ces deux mois pour remplir toute une vie. Mes rêves et les siens touchant la manière d'organiser notre existence ne se réalisèrent pas tout à fait tels que nous nous y étions attendus. Mais pourtant la réalité n'était pas au-dessous de nos rêves. Ce n'était point cette vie de travail strict, remplie de devoirs, d'abnégation et de sacrifices, que je m'étais imaginée quand j'étais fiancée; c'était, au contraire, le sentiment absorbant et égoïste de l'amour, les joies sans motif comme sans fin, et l'oubli de toutes choses au monde. Il allait quelquefois, à la vérité, se livrer, dans son cabinet, à une occupation ou à une autre; il se rendait quelquefois à la ville pour ses affaires et surveillait le ménage agricole; mais je voyais avec quelle peine il s'arrachait loin de moi. Et il avouait ensuite lui-même que là où je n'étais point, tout lui paraissait tellement dénué d'intérêt en ce monde, qu'il s'étonnait d'avoir pu s'en occuper. Il en était précisément de même de mon côté. Je lisais, je m'occupais, et de musique, et de maman, et des écoles; mais tout cela, je ne le faisais que parce que chacun de ces emplois de mon temps se reliait encore à lui et obtenaît son approbation, et dès que sa pensée ne se trouvait pas associée d'une manière ou d'une autre à une affaire, quelle qu'elle fût, les bras me tombaient. Lui seul existait pour moi dans l'univers et je le comptais pour l'être le plus beau, le plus pur qu'il y eût dans cet univers; aussi ne pouvais-je vivre pour rien autre chose que pour lui, et pour demeurer à ses yeux ce qu'il m'estimait lui-même. Car, lui aussi, il m'estimait la première et la plus séduisante femme qui existât, douée de toutes les perfections possibles; et je m'efforçais d'être pour lui cette première et cette meilleure créature du monde entier.

Notre maison était une de ces vieilles demeures de campagne où, s'estimant et s'aimant les unes les autres, s'étaient succédé plusieurs générations d'ancêtres. Tout y respirait les bons et purs souvenirs de famille qui, dès que j'eus seulement mis le pied dans la maison, devinrent aussitôt comme mes propres souvenirs. L'arrangement et l'ordre du logis étaient disposés à l'ancienne mode par Tatiana Semenovna. On ne peut pas dire que tout fût beau, élégant; mais depuis le service jusqu'au mobilier et aux mets, dans tout il y avait grande abondance, tout était propre, solide, régulier et inspirait une sorte de respect. Dans le salon, les meubles étaient rangés symétriquement, les murailles revêtues de portraits, et le parquet couvert d'anciens tapis de famille et de paysages en toile. Au petit salon, il y avait un vieux piano à queue, deux chiffonniers de formes différentes, un divan et des tables ornées d'incrustations de cuivre. Mon cabinet, décoré par les soins de Tatiana Se-

menovna, renfermait les plus beaux meubles
d'époques et de façons diverses, et entre autres
un vieux trumeau de porte que, dans le commencement, je n'osais regarder que d'un œil timide
et qui, dans la suite, me devint cher comme
un ancien ami. On n'entendait jamais la voix de
Tatiana Semenovna, mais tout dans la maison
marchait avec la régularité d'une horloge
montée, quoiqu'il s'y trouvât beaucoup plus
de monde que de besoin. Mais tous ces domestiques, portant des chaussures molles et
sans talon (car Tatiana Semenovna prétendait
que le cri des semelles et le trépignement des
talons était une des choses du monde les
plus désagréables), tous ces domestiques paraissaient fiers de leur condition, tremblaient
devant la vieille dame, nous témoignaient, à
mon mari et à moi, une bienveillance toute

protectrice, et semblaient accomplir chacun son devoir avec une satisfaction particulière. Tous les samedis, régulièrement, on lavait les planchers et on battait les tapis; chaque premier du mois, on chantait un *Te Deum* avec l'eau bénite; à chaque jour de fête de Tatiana Semenovna ou de son fils (et au mien, ce qui eut lieu cet automne pour la première fois), on donnait un banquet pour tout le voisinage. Et tout cela s'accomplissait invariablement comme aux temps les plus anciens dont se souvînt Tatiana Semenovna.

Mon mari ne se mêlait en rien du gouvernement de la maison, se bornant à s'occuper du ménage des champs ainsi que des paysans, et s'en occupant beaucoup. Il se levait de très bonne heure, même pendant l'hiver, de sorte que, lors de mon réveil, je ne le voyais pas.

Il revenait ordinairement pour le thé, que nous prenions en tête-à-tête, et presque toujours, à ce moment-là, après en avoir fini avec les embarras et les désagréments de la culture, il se replongeait dans cette disposition d'esprit particulièrement joyeuse que nous avions appelée le *transport sauvage*. Souvent je lui demandais ce qu'il avait fait le matin, et il me racontait alors de telles folies que nous en étouffions de rire; quelquefois je lui demandais un récit sérieux, et il me le faisait en retenant un sourire. Pour moi, je regardais ses yeux, le mouvement de ses lèvres, et je n'avais rien compris, je n'avais fait autre chose que m'amuser à le voir et à entendre sa voix

— Allons, que disais-je? demandait-il. répète-le-moi

Mais je ne pouvais rien répéter

Tatiana Semenovna ne paraissait pas jusqu'au dîner, prenant son thé seule, et ce n'était que par ambassadeurs qu'elle nous faisait souhaiter le bonjour. Aussi, avais-je peine à ne pas rire aux éclats quand la femme de chambre venait, les mains croisées l'une sur l'autre et d'un ton mesuré, nous exposer que Tatiana Semenovna lui avait ordonné de s'informer comment nous avions dormi ou comment nous avions trouvé la pâtisserie. Jusqu'au dîner nous restions rarement ensemble. Je jouais, je lisais seule ; il écrivait ou il sortait de nouveau ; mais pour le dîner, à quatre heures, nous descendions au salon. Maman sortait de sa chambre, et apparaissaient alors les pauvres gentillâtres, les pèlerins, dont il y avait toujours deux ou trois qui logeaient à la maison. Régulièrement, chaque jour, mon mari, suivant l’ancienne mode, offrait le bras à sa mère pour se rendre dans la salle à manger, mais elle avait demandé qu’il m’offrît son autre bras. Maman présidait le dîner, et la conversation prenait un tour sérieux et réfléchi, non sans un certain mélange de solennité. Il n’y avait que les propos plus simples échangés par mon mari et par moi qui vinssent apporter une diversion agréable à cet aspect solennel de nos séances à table. Après le dîner, maman s’asseyait au salon dans un grand fauteuil ; elle coupait les feuillets des livres nouvellement arrivés ; pour nous, nous lisions à haute voix ou nous passions au petit salon nous asseoir au piano. Nous fîmes beaucoup de lectures ensemble pendant ce temps ; mais la musique était encore la plus favorite et la meilleure de nos jouissances, faisant chaque fois vibrer dans nos cœurs des cordes nouvelles et nous révélant l'un à l'autre en quelque façon et sous un jour toujours nouveau. Quand je jouais ses morceaux de prédilection, il s'asseyait sur un divan éloigné où je pouvais à peine l'apercevoir et, par une sorte de pudeur de sentiment, il s'efforçait de cacher les impressions que la musique lui faisait éprouver; mais souvent, quand il s'y attendait le moins, je quittais le piano, je courais à lui et je cherchais à surprendre sur ses traits les traces de son émotion, l'éclat presque surnaturel des regards chargés d'humidité qu'il tâchait en vain de me dérober. Je revenais servir le thé du soir dans le grand salon, et toute la famille se trouvait de nouveau réunie autour de la table. Cette séance solennelle auprès du samovar comme devant une sorte de tribunal, et la distribution des verres et des tasses, me troublèrent longtemps. Il me semblait toujours que je n'étais pas digne encore de ces honneurs, que j'étais trop jeune, trop étourdie, pour tourner le robinet d'un si grand samovar, pour poser un verre sur le plateau de Nikita et ajouter : « Pour Pierre Ivanovitch, pour Marie Minichna », en leur demandant : « Est-ce assez sucré? » puis laisser des morceaux de sucre pour la vieille bonne et les autres anciens serviteurs. « Parfait, parfait, disait souvent mon mari; tout à fait une grande personne ! » et cela ne faisait que m'intimider plus encore.

Après le thé, maman étalait une patience ou se faisait tirer les cartes par Marie Minichna ; puis elle nous embrassait tous deux en nous bénissant, et nous rentrions dans notre intérieur. La plupart du temps, cependant, nous y prolongions la veillée en tête-à-tête jusqu'au delà de minuit, et c'était notre temps le meilleur et le plus agréable. Il me racontait son passé, nous formions des plans, nous philosophions quelquefois et nous tâchions de dire cela sans bruit, afin de n'être pas entendus. Nous vivions, lui et moi, presque sur le pied d'étrangers dans cette grande vieille maison où pesait sur tous l'esprit sévère de l'ancien temps et de Tatiana Semenovna. Non seulement elle-même, mais les gens aussi, les vieilles servantes, les meubles, les tableaux m'inspiraient du respect, quelque effroi, et en même temps la conscience que mon mari et moi nous n'étions point là tout à fait à notre place, et qu'il nous fallait y vivre avec circonspection. Autant que je m'en souviens aujourd'hui, cet ordre sévère et cette prodigieuse quantité de gens oisifs et curieux dans notre maison nous étaient difficiles à supporter; mais cette sorte d'oppression même ne faisait que vivifier notre mutuel amour. Non seulement moi, mais lui aussi, nous nous gardions de laisser voir qu'il y eût quelque chose là-dedans qui nous déplût. Quelquefois ce calme, cette indulgence et cette sorte d'indifférence pour toutes choses m'irritaient, et je traitais cette conduite de faiblesse.

— Ah ! chère Katia, me répondit-il une fois que je lui témoignais mon ennui, est-ce qu'on peut se montrer mécontent de n'importe quoi, alors qu'on est aussi heureux que je le suis ? Il est bien plus facile de céder aux autres que de les faire plier, voilà ce dont je me suis depuis longtemps convaincu, et, aussi, qu'il n'y a pas de situation où l'on ne puisse être heureux. Tout va si bien pour nous ! Je ne sais plus me fâcher; pour moi, aujourd'hui, il n'y a rien qui soit mauvais, il n'y a que des choses tristes ou drôles. Mais, par-dessus tout, *le mieux est l'ennemi du bien*. Croirais-tu que, quand j'entends retentir la sonnette, quand je reçois une lettre, ou tout simplement quand je me réveille, la peur me prend, la peur de cette obligation de vivre, la peur que quelque chose vienne à changer; car rien ne pourrait valoir mieux que le moment présent!

Je le croyais, mais je ne le comprenais pas. Je me trouvais bien, mais il me semblait que tout était comme il devait être, et n'aurait pu être autrement, qu'il en était ainsi pour tous, et qu'il y a quelque part d'autres bonheurs encore, non point plus grands, mais différents.

C'est de la sorte que deux mois s'écoulèrent,

que l'hiver survint avec ses froids et ses tourbillons, et bien qu'il fût auprès de moi, je commençai à me sentir bien seule ; je commençai à sentir que la vie ne faisait en quelque sorte que se répéter, qu'elle n'offrait rien de neuf, ni pour moi, ni pour lui, et qu'au contraire c'était comme si nous revenions sans cesse sur nos pas. Il se mit à s'occuper de ses affaires plus en dehors de moi que par le passé, et il me sembla de nouveau qu'il y avait en lui, tout au fond de son âme, comme un monde réservé où il ne voulait pas m'admettre. Son inaltérable sérénité m'irritait. Je ne l'aimais pas moins qu'auparavant, je n'étais pas moins qu'auparavant heureuse de son amour, mais mon amour restait stationnaire et ne grandissait plus, et, en dehors de l'amour, je ne sais quel sentiment nouveau, plein de trouble, se glissait dans mon cœur. C'était peu pour moi de continuer à aimer après avoir éprouvé ce grand bonheur de l'aimer une première fois; il me fallait l'agitation, le danger, le sacrifice de moi-même dans l'ordre des sentiments. Il y avait en moi une exubérance de forces qui ne trouvaient pas leur emploi dans notre tranquille existence, des élans de tristesse que je cherchais à lui cacher comme quelque chose de mal, et des élans de tendresse furieuse et de gaieté qui ne faisaient que l'effrayer. Il continuait à observer encore mes dispositions d'esprit comme il l'avait fait jadis, et un jour il me proposa de partir pour la ville; mais je lui demandai de n'y point aller et de ne rien changer à notre genre de vie, de ne point toucher à notre bonheur. Et, effectivement, j'étais heureuse; mais je me tourmentais de voir que ce bonheur ne m'apportait avec lui aucun travail, aucun sacrifice, alors que je sentais languir en moi toutes les puissances du sacrifice et du travail. Je l'aimais, je voyais que j'étais tout pour lui; mais j'avais envie que tous vissent notre amour, qu'on voulût m'empêcher de l'aimer et que je l'aimasse tout de même. Mon esprit et jusqu'à mes sentiments trouvaient leur champ d'action, mais il y en avait un toutefois, le sentiment de la jeunesse, d'un certain besoin de mouvement, qui ne rencontrait point une satisfaction suffisante dans notre vie paisible. Pourquoi me disait-il que nous pouvions aller en ville quand l'envie m'en prendrait? S'il ne me l'avait pas dit, peut-être aurais-je compris que ce sentiment qui m'oppresssait était une chimère pernicieuse, une faute dont j'étais coupable... Cependant, la pensée que je pouvais m'arracher à l'ennui, rien qu'en partant pour la ville, me traversait involontairement la tête; d'un autre côté, c'était l'arracher à tout ce qu'il aimait; j'avais honte et en même temps il me coûtait que ce fût pour moi.

Le temps marchait, la neige s'accumulait de plus en plus contre les murailles de la maison, et nous étions toujours seuls et seuls encore, et toujours l'un vis-à-vis de l'autre; tandis que là-bas, je ne sais où, dans l'éclat et le bruit, la foule s'agitait, souffrait ou s'amusait, sans penser à nous ou à notre existence disparue. Le pis de tout pour moi était de sentir que chaque jour la chaîne des habitudes rivait notre vie dans un moule précis, que notre sentiment lui-même allait entrer en servage et se soumettre à la loi monotone et impassible du temps. Être gais le matin, respectueux à dîner, tendres le soir. Faire le bien ! me disais-je ; c'est à merveille de faire le bien et de vivre honnêtement, comme il le dit : pour cela, nous avons encore le temps ; mais il y a d'autres choses pour lesquelles aujourd'hui seulement je me sentirais de la force. Ce n'était point ce qu'il me fallait ; ce qu'il m'aurait fallu, c'eût été la lutte : c'eût été que le sentiment nous servît de guide dans la vie, et non point que ce fût la vie qui guidât notre sentiment. J'aurais souhaité de m'approcher avec lui de l'abîme et de lui dire : encore un pas et je m'y précipite, encore un mouvement et je péris ; et lui alors, pâlissant sur le bord de cet abîme, il m'eût saisie de sa main puissante et m'eût tenue en suspens au-dessus du gouffre, si bien que mon cœur s'en fût senti glacé, et il m'eût ensuite emportée là où il l'aurait voulu...

Cette disposition de mon âme influait jusque sur ma santé elle-même, et mes nerfs commençaient à se déranger. Un matin, je me sentis encore plus mal en train qu'à l'ordinaire ; il revint du comptoir d'assez mauvaise humeur, ce qui lui arrivait rarement ; je le remarquai aussitôt et je lui demandai ce qu'il avait ; mais il ne voulut pas me le dire, prétendant que cela n'en valait pas la peine. Comme je l'appris plus tard, l'ispravnik[1] avait fait venir plusieurs de nos paysans, avait exigé quelque chose d'illégal, par mauvais vouloir pour mon mari, et lui avait fait adresser des menaces. Mon mari n'avait encore pu di-

---

1. Le commissaire de police du district.

gérer ce procédé, et comme au fond tout cela
n'avait été que ridicule et pitoyable, il n'avait
pas voulu m'en parler ; mais il me parut, à
moi, que s'il ne voulait m'en rien dire, c'était
parce qu'il me comptait comme une enfant,
et que je n'aurais, selon lui, pu comprendre
ce qui l'intéressait. Je m'éloignai en silence,
sans prononcer un mot; il s'en alla pour tout
de bon dans son cabinet et en ferma la porte
derrière lui. Dès que je ne l'entendis plus, je
m'assis sur le divan et j'eus envie de pleurer.
Pourquoi, me disais-je, persiste-t-il à m'humilier avec son calme solennel, à avoir toujours
raison vis-à-vis de moi ? Est-ce que je n'ai pas
raison, moi aussi, quand je m'ennuie, quand
partout je sens le vide, quand je veux vivre,
me mouvoir, ne pas rester toujours au même
endroit et ne pas sentir le temps marcher sur

moi? Je veux aller en avant, chaque jour, chaque heure ; je veux du nouveau, tandis que lui, il veut demeurer en place et m'y garder avec lui ! Et cependant comme il lui serait facile de me contenter ! Pour cela il n'y a pas besoin qu'il me mène à la ville; il faudrait seulement qu'il fût comme moi, qu'il ne cherchât point à se briser, à se contraindre de ses propres mains, et qu'il vécût tout simplement. Cela, il me le conseille lui-même, et c'est lui qui n'est pas simple, voilà tout.

Je sentais les larmes me gagner, mon cœur s'entreprendre et mon irritation grandir contre lui. J'eus peur de cette irritation même et j'allai le trouver. Il était assis dans son cabinet et il écrivait. En entendant mes pas, il se retourna un moment pour me regarder d'un air calme et indifférent, et continua à écrire;

ce regard ne me plut pas, et au lieu de m'avancer jusqu'à lui, je restai près de la table où il écrivait et, ouvrant un livre, je commençai à y jeter les yeux. Il se détourna alors une seconde fois et me regarda de nouveau :

— Katia, tu n'es pas dans ton assiette, me dit-il.

Je ne répartis que par un froid regard qui voulait dire : « Belle question ? Et d'où vient tant d'amabilité ? » Il secoua la tête, et timidement, tendrement, il me sourit ; mais, pour la première fois, mon sourire ne répondit pas à son sourire.

— Qu'avais-tu ce matin ? demandai-je, pourquoi ne m'avoir rien dit ?

— Une vraie bagatelle ! un petit désagrément, reprit-il. Pourtant, je peux à présent te le raconter. Deux paysans ont été envoyés à la ville...

Mais je ne le laissai pas achever.

— Pourquoi ne me l'as-tu pas raconté quand je te le demandais ?

— Je t'aurais dit quelque sottise; j'étais alors fâché.

— C'est juste à ce moment-là qu'il fallait le faire.

— Et quelle raison?

— Pourquoi penses-tu que je ne puisse jamais t'aider en rien ?

— Ce que je pense? dit-il en jetant sa plume. Je pense que sans toi je ne pourrais vivre. En toutes choses, en toutes, non seulement tu es une aide pour moi, mais c'est par toi que tout se fait. Tu es bien tombée vraiment! poursuivit-il en riant. C'est en toi seulement que je vis ; il me semble que rien n'est bien que parce que tu es là, que parce qu'il te faut...

— Oui, je le sais, je suis une gentille enfant qu'il faut tranquilliser, dis-je d'un tel ton qu'il me regarda tout surpris. Je ne veux pas de cette tranquillité ; c'en est assez d'elle !

— Allons, vois un peu ce dont il s'agissait, commença-t-il précipitamment en m'interrompant, comme s'il eût craint de me donner le temps de tout dire : et voyons ce que tu en penses ?

— A présent je ne le veux pas, répondis-je.

Quoique j'eusse bien envie de l'entendre, il m'était plus agréable, dans cet instant, de troubler sa tranquillité.

— Je ne veux pas jouer avec les choses de

la vie ; c'est vivre que je veux, ajoutai-je ; tout comme toi.

Ses traits, où toutes les impressions venaient se peindre si rapidement et si vivement, exprimaient la souffrance et une attention puissamment excitée.

— Je veux vivre avec toi en parfaite égalité...

Mais je ne pus achever, tant je vis une douleur profonde se refléter sur son visage. Il se tut un moment.

— Et en quoi ne vis-tu pas avec moi sur un pied d'égalité ? dit-il : c'est moi, ce n'est pas toi que regardait l'affaire de l'ispravnik et des paysans ivres...

— Oui, mais il n'y a point que ce cas, dis-je.

— Pour l'amour de Dieu, veuille bien me

comprendre, mon amie, continua-t-il ; je sais que les soucis sont toujours chose douloureuse pour nous ; j'ai vécu, et je le sais. Je t'aime et par conséquent je voudrais pouvoir t'épargner tout souci. Voilà où est ma vie, dans mon amour pour toi ; c'est ainsi, ne m'empêche donc pas de vivre.

— Tu as toujours raison, dis-je sans le regarder.

J'étais froissée qu'une fois encore son âme fût sereine et tranquille, alors que j'étais ainsi remplie de dépit et d'un sentiment qui ressemblait à du repentir.

— Katia ! Qu'as-tu ? dit-il. Il ne s'agit pas de savoir qui a raison de nous deux, il s'agit de toute autre chose. Qu'as-tu contre moi ? Ne me le dis pas tout de suite, réfléchis, et puis dis-moi tout ce que tu penses. Tu es mécontente de moi, tu as sans doute raison ; mais explique-moi en quoi je suis coupable.

Mais comment aurais-je pu lui dire tout ce que j'avais au fond de l'âme? La pensée que, d'un seul coup, il m'avait pénétrée, que je me retrouvais de nouveau comme une enfant devant lui, que je ne pouvais rien faire qu'il ne le comprît et ne l'eût prévu, m'agitait plus que jamais.

— Je n'ai rien contre toi, dis-je, seulement je m'ennuie et je voudrais ne pas m'ennuyer. Mais tu dis qu'il faut que ce soit ainsi, et encore une fois tu as raison.

Tout en disant ces mots, je le regardai. J'avais atteint mon but : sa sérénité avait disparu ; la frayeur et la souffrance étaient empreintes sur sa figure.

— Katia, commença-t-il d'une voix sourde

et agitée, ce n'est point un badinage, ce que nous faisons en ce moment. En ce moment se décide notre destinée. Je te demande de ne rien me répondre et d'écouter. Pourquoi veux-tu me tourmenter ainsi ?

Mais je l'interrompis.

— N'en dis pas davantage, tu as raison, dis-je froidement, comme si ce n'était pas moi, mais quelque mauvais génie qui parlât par ma bouche.

— Si tu savais ce que tu fais là ! dit-il d'une voix tremblante.

Je me mis à pleurer et je me sentis le cœur plus léger. Il était assis près de moi en silence. J'avais pitié de lui, honte de moi-même, chagrin de ce que j'avais fait. Je ne le regardai pas. Il me semblait qu'il devait me considérer en ce moment d'un œil ou sévère ou perplexe.

Je me retournai pour le voir : son doux et tendre regard, comme s'il eût invoqué le pardon, était attaché sur moi. Je pris sa main et je dis :

— Pardonne-moi ! je ne sais pas moi-même ce que je disais.

— Oui, mais je le sais, ce que tu disais, et je sais que tu disais vrai.

— Quoi donc ? demandai-je.

— Qu'il nous faut aller à Pétersbourg. Ici, nous n'avons plus rien à faire maintenant.

— Comme tu voudras...

Il me prit dans ses bras et m'embrassa.

— Tu me pardonnes? dit-il. J'ai été coupable envers toi...

Pendant cette soirée je lui fis longtemps de la musique, et il marchait à travers la chambre tout en chuchotant quelque chose. Il avait cette habitude, et je lui demandais souvent ce qu'il marmottait ainsi ; et lui, toujours pensif, il me répétait précisément ce qu'il avait chuchoté; la plupart du temps c'étaient des vers ou parfois quelque grosse absurdité, mais dans cette absurdité même je savais reconnaître quelle était la disposition de son âme.

— Que chuchotes-tu aujourd'hui ? lui demandai-je encore cette fois.

Il s'arrêta, réfléchit et, tout en souriant, me répondit par deux vers de Lermontoff :

... Et lui, l'insensé, invoquait la tempête,
Comme si dans la tempête pouvait régner la paix !

— Non, il est plus qu'un homme ; il voit toutes choses ! pensai-je ; comment ne pas l'aimer !

Je me levai, je pris sa main et me mis à marcher avec lui, cherchant à mesurer mes pas sur les siens.

— Eh bien! demanda-t-il en souriant et en me regardant.

— Eh bien ! répétai-je ; et je ne sais quel élan de nos âmes nous étreignit tous deux.

Au bout de deux semaines, avant les fêtes, nous étions à Pétersbourg.

## VII

Notre course à Pétersbourg, une semaine de séjour à Moscou, nos visites à ses parents et aux miens, l'installation dans un nouvel appartement, le voyage, une ville nouvelle, de nouveaux visages, tout cela passa devant moi comme un songe. Tout cela était si varié, si neuf, si gai, tout cela était si chaudement, si vivement illuminé pour moi par sa présence, par son amour, que la vie paisible de la campagne m'apparut en ce moment comme quelque chose de bien lointain, comme une sorte de néant. A mon grand étonnement, au lieu de cet orgueil mondain, de cette froideur que je m'attendais à rencontrer dans les personnes, tous m'accueillirent avec une affabilité si pleine de naturel (non seulement les parents, mais même les inconnus), que, semblait-il, tous ne songeaient plus qu'à moi, tous ne m'avaient attendue que pour y trouver leur propre plaisir. De même, contre mon attente, dans les cercles du monde, et parmi ceux mêmes qui me paraissaient les plus distingués, je découvris à mon mari beaucoup de relations dont il ne m'avait jamais parlé, et souvent je trouvai étrange et même désagréable de lui entendre porter des jugements sévères sur quelques-unes de ces personnes qui me semblaient si bonnes. Je ne pouvais comprendre pourquoi il les traitait si sèchement, ni pourquoi il s'efforçait d'éviter bien des connaissances d'une fréquentation flatteuse, à mon sens. J'aurais cru que plus on connaissait d'honnêtes gens, mieux cela valait, et tous étaient d'honnêtes gens.

— Voyons un peu comment nous arrangerons les choses, m'avait-il dit avant notre départ de la campagne : nous sommes ici de petits Crésus, et là-bas nous serons loin d'être bien riches ; aussi ne nous faut-il rester en ville que jusqu'à Pâques et ne pas aller dans le monde, ou autrement nous nous mettrions dans l'embarras ; et, pour toi, je n'aurais pas voulu...

— Pourquoi le monde ? avais-je répondu ; nous irons seulement voir les théâtres, nos parents, entendre l'opéra et de bonne musique, et même avant Pâques nous serons de retour à la campagne.

Mais à peine fûmes-nous arrivés à Pétersbourg que tous ces beaux plans avaient été oubliés. J'avais été tout à coup lancée dans un monde si nouveau, si heureux, tant de plaisirs m'avaient circonvenue et tant d'objets d'un intérêt jusque-là inconnu s'étaient offerts à moi, que d'un seul bond, et sans même en avoir conscience, je désavouai tout mon passé, je renversai tous les plans que ce passé avait vus naître. Ce n'avait jusque-là vraiment été qu'une plaisanterie ; quant à la vie elle-même, elle n'avait pas encore commencé ; mais la véritable, c'était celle-là, et que serait-ce dans l'avenir? pensais-je. Les soucis, les débuts de spleen qui me poursuivaient à la campagne, disparurent soudain et comme par enchantement. Mon amour pour mon mari devint plus calme, et, d'un autre côté, jamais dans ce nouveau milieu

l'idée ne me vint qu'il m'aimât moins que
jadis. Et, en effet, je ne pouvais douter de cet
amour; chacune de mes pensées était aussitôt
comprise par lui, chacun de mes sentiments
partagé, chacun de mes désirs accompli. Son
inaltérable sérénité était évanouie ici, ou bien
était-ce qu'elle ne me causait plus les mêmes
irritations. Je sentais même qu'à côté de l'ancien amour qu'il m'avait toujours porté, il
éprouvait ici un autre charme encore auprès
de moi. Souvent, après une visite, après que
j'avais fait une nouvelle connaissance, ou bien
le soir chez nous où, tremblant intérieurement
de commettre quelque bévue, j'avais rempli
les devoirs d'une maîtresse de maison, il me
disait :

— Allons, ma fille ! bravo, courage, c'est
vraiment fort bien.

J'étais ravie.

Peu de temps après notre arrivée, il écrivit à sa mère, et quand il m'engagea à y ajouter quelque chose moi-même, il ne voulut alors pas me laisser lire ce qu'il avait écrit; ce que là-dessus je prétendis faire, bien entendu, et ce que je fis en effet. « Vous ne reconnaîtriez pas Katia, avait-il écrit, et moi-même je ne la reconnais pas. Où a-t-elle pris cette charmante et gracieuse assurance, *cette affabilité*, même cet esprit du monde et cet air aimable ? Et cela toujours si simplement, si gentiment, avec tant de bonté. Tout le monde est dans le ravissement d'elle; et moi non plus je ne me lasse pas de l'admirer, et, si cela était possible, je l'en aimerais davantage encore. »

« Voilà donc ce que je suis! » pensai-je. Et cela me fit tant de plaisir et tant de bien qu'il me sembla l'aimer aussi davantage. Mes succès auprès de toutes nos connaissances furent une chose absolument inattendue pour moi. De tous les côtés on me disait : ici, que j'avais plu particulièrement à mon oncle, là, que c'était une tante qui raffolait de moi ; celui-ci, qu'il n'y avait pas à Pétersbourg de femmes semblables à moi ; celle-là m'assurait qu'il ne dépendait que de moi de le vouloir pour être la femme la plus recherchée de la société. Il y avait surtout une cousine de mon mari, la princesse D., femme du grand monde, qui n'était plus jeune et qui, s'étant éprise de moi à l'improviste, me prodigua plus que toutes les autres les compliments les plus flatteurs et les mieux faits pour me tourner la tête. Quand, pour la première fois, cette cousine me proposa de venir à un bal et en témoigna le désir à mon mari, il se tourna vers moi, sourit imperceptiblement et non sans malice, et me demanda si je voulais y aller. Je fis avec la tête un signe d'assentiment et je me sentis rougir.

— On dirait une criminelle avouant ce dont elle aurait envie, remarqua-t-il en riant avec bonhomie.

— Tu m'as dit qu'il ne nous fallait pas aller dans le monde et que tu ne l'aimerais pas, répartis-je en souriant aussi et en lui jetant un regard suppliant.

— Si tu en as bien envie, nous irons.

— Vraiment, il vaut mieux que non.

— En as-tu envie, bien envie? répétait-il.

Je ne répondis pas.

— Dans le monde en lui-même, là n'est pas encore le plus grand mal, poursuivit-il; ce qui est mauvais, malsain, ce sont des aspirations mondaines non satisfaites. Très certainement il faut y aller et nous irons, conclut-il sans hésiter.

— A te dire vrai, répliquai-je, il n'y a rien au monde dont j'aie plus envie que d'aller à ce bal.

Nous nous y rendîmes, et le plaisir qu'il me procura dépassa pour moi toute attente. Au bal plus encore qu'auparavant, il me sembla que j'étais le centre autour duquel tout se mouvait ; que c'était pour moi seule que cette grande salle était illuminée, que jouait la musique, que s'était réunie cette foule en extase devant moi. Tous, à commencer par le coiffeur et la femme de chambre, jusqu'aux danseurs et aux vieillards eux-mêmes, qui se promenaient à travers les salons, paraissaient me dire ou me donner à entendre qu'ils étaient fous de moi.

L'impression générale que j'avais produite à ce bal, et que me communiqua ma cousine, se résumait à dire que je ne ressemblais en rien aux autres femmes, qu'il y avait en moi quelque chose de particulier qui rappelait la simplicité et le charme de la campagne. Ce succès me flatta tellement que j'avouai avec franchise à mon mari combien je désirerais, dans le cours de cet hiver, aller encore à deux ou trois bals, « et cela, » ajoutai-je en parlant un peu contre ma conscience, « afin de m'en rassasier une bonne fois. »

Mon mari y consentit volontiers et m'y accompagna, dans les premiers temps, avec un visible plaisir, joyeux de mes succès et oubliant complètement, paraissait-il du moins, ou désavouant ce qu'il avait jadis établi en principe.

Plus tard, il commença à s'ennuyer évidemment et à se fatiguer de ce genre de vie que nous menions. Mais ce n'était cependant pas assez clair encore à mes yeux pour que, si je venais à remarquer le regard d'attention sérieuse qu'il dirigeait parfois sur moi, j'en comprisse la signification. J'étais tellement enivrée par cet amour qu'il me semblait avoir si subitement éveillé chez tant d'étrangers, par ce parfum d'élégance, de plaisir et de nouveautés que je respirais ici pour la première fois; l'influence morale de mon mari, qui jusque-là m'avait comme écrasée, s'était si soudainement évanouie; il m'était si doux, non seulement de marcher dans ce monde de pair avec lui, mais même de m'y sentir placée plus haut que lui, et ensuite de ne l'en aimer qu'avec plus de force et d'indépendance qu'autrefois, que je ne pouvais comprendre que ce fût avec déplaisir qu'il me vît jouir de cette vie mondaine.

Je ressentais en moi-même un nouveau sentiment d'orgueil et de satisfaction intime quand, en entrant au bal, tous les yeux se tournaient vers moi, et que lui-même, comme s'il avait eu conscience d'arborer devant la foule ses droits de possession sur ma personne, se hâtait de me quitter et allait se perdre dans la masse des habits noirs. « Attends ! pensais-je souvent en cherchant des yeux au fond de la salle sa figure presque inaperçue et quelquefois très ennuyée; attends! quand nous rentrerons à la maison, tu sauras et tu verras pour qui j'ai cherché à être si belle et si brillante, tu sauras qui j'aime au-dessus de tout ce qui m'entourait ce soir. » Il me semblait très sincèrement que mes succès ne me réjouissaient que pour lui, et aussi parce qu'ils me permettaient de les sacrifier à lui seul. Une seule chose, pensais-je encore, pouvait m'offrir des dangers dans cette vie mondaine : c'était que l'un de ceux qui me rencontraient dans le monde conçût de l'entraînement pour moi et que mon mari vînt à en concevoir de la jalousie ; mais il avait tant de confiance en moi, il paraissait si calme et si indifférent, et tous ces jeunes gens me paraissaient, à moi, si nuls en comparaison de lui, que ce péril, le seul à mon sens que pût m'offrir la vie du monde, ne m'effrayait aucunement. Et, malgré tout, l'attention que tant de personnes m'accordaient dans les salons me procurait un plaisir, une satisfaction d'amour-propre, qui me faisaient trouver quelque mérite à mon amour lui-même pour mon mari, tout en imprimant à mes rapports avec lui plus d'assurance et en quelque façon plus de laisser-aller.

— J'ai remarqué que tu causais d'une manière bien animée avec N. N., dis-je un jour au retour d'un bal, en le menaçant du doigt et en lui nommant une des dames les plus connues de Pétersbourg, avec qui il s'était effectivement entretenu ce soir-là. Je voulais par là l'agacer un peu, car il était en ce moment particulièrement silencieux et avait l'air très ennuyé.

— Ah! pourquoi dire semblable chose? Et c'est toi qui l'as dite, Katia! laissa-t-il échapper, les lèvres serrées et en fronçant le sourcil, comme s'il eût ressenti quelque douleur physique. Cela convient bien peu de ta part et vis-à-vis de moi! Laisse ces discours aux autres; de mauvais propos de cette espèce pourraient altérer tout à fait notre bonne entente, et j'espère encore que cette bonne entente reviendra.

Je me sentis confuse et je gardai le silence.

— Reviendra-t-elle, Katia? Que t'en semble? me demanda-t-il.

— Elle n'est pas altérée et ne s'altérera point, dis-je; et alors, en effet, j'en étais convaincue.

— Que Dieu le permette! ajouta-t-il, mais il est temps que nous retournions à la campagne.

Ce fut toutefois la seule occasion où il me parla ainsi, et le reste du temps il me paraissait toujours que tout marchait pour lui aussi bien que pour moi, et pour moi j'étais si gaie, si joyeuse! Si parfois il venait à s'ennuyer, je me consolais en pensant que longtemps, pour lui, je m'étais ennuyée à la campagne; si nos rapports éprouvaient quelque changement, je pensais qu'ils reprendraient tout leur charme dès que, l'été, nous nous retrouverions seuls dans notre maison de Nikolski.

C'est ainsi que l'hiver s'écoula pour moi sans que je m'en aperçusse, et en dépit de tous nos plans nous restâmes à Pétersbourg, même pendant les fêtes de Pâques. Le dimanche suivant, quand nous nous préparâmes enfin à partir, tout étant empaqueté, mon mari, qui avait terminé les emplettes pour cadeaux, fleurs, effets de toute sorte concernant notre vie à la campagne, se retrouva dans les dispositions d'esprit les plus tendres et les plus joyeuses. Là-dessus notre cousine vint inopinément nous voir et nous demander de prolonger encore jusqu'au samedi, afin de pouvoir aller au raout de la comtesse R. Elle me dit que la comtesse R. m'avait souvent invitée déjà, que le prince M., en ce moment à Pétersbourg, avait encore témoigné au dernier bal le désir de faire ma connaissance, que ce serait dans ce but qu'il viendrait au raout et qu'il disait partout que j'étais la plus jolie femme de la Russie. Toute la ville devait y être, et en un mot cela ne ressemblerait à rien si je n'y allais pas.

Mon mari était à l'autre bout du salon, causant avec je ne sais qui.

— Ainsi donc vous y viendrez, Katia? dit ma cousine.

— Nous voulions partir après-demain pour la campagne, répondis-je avec hésitation en regardant du côté de mon mari. Nos yeux se rencontrèrent et il se retourna vivement.

— Je lui persuaderai de rester, dit ma cousine, et nous irons samedi faire tourner les têtes. N'est-ce pas?

— Cela dérangerait tous nos plans, et nous avons déjà fait nos paquets, repris-je, commençant à me rendre.

— Ce serait bien mieux encore qu'elle allât ce soir même faire sa révérence au prince, dit alors mon mari de l'autre bout de la chambre, avec irritation et d'un ton catégorique que je ne lui avais jamais entendu.

— Allons, voilà qu'il devient jaloux; c'est la première fois que je le vois ainsi, s'écria ma cousine avec ironie. Ce n'est pas pour le prince seulement, Serge Mikaïlovitch, mais pour nous tous que je l'engage. C'est comme cela que la comtesse R. entend bien la prier.

— Cela dépend d'elle, conclut froidement mon mari, et il s'en alla.

J'avais bien vu qu'il était plus agité que d'ordinaire; cela m'avait tourmentée et je ne donnai aucune réponse à ma cousine. Aussitôt qu'elle fut partie, j'allai trouver mon mari. Il arpentait soucieusement sa chambre dans tous les sens, et il ne me vit ni ne m'entendit quand j'entrai sur la pointe des pieds.

Il se représente sa chère maison de Nikolski, pensai-je en le regardant; il se figure en imagination son café du matin dans le salon bien lumineux, et ses champs, ses paysans, et la soirée dans le salon, et le souper mystérieux de la nuit. Non! décidai-je en moi-même, je donnerais tous les bals du monde et les flatteries de tous les princes de l'univers pour retrouver sa joyeuse animation et ses douces caresses. Je voulais lui dire que je n'irais pas à ce raout et que je n'en avais plus envie, quand il regarda tout à coup derrière lui. A ma vue il fronça le sourcil, et l'expression doucement rêveuse de sa physionomie changea entièrement. De nouveau reparut sur son visage l'empreinte d'une sagesse pleine de pénétration et d'une tranquillité toute protectrice. Il ne voulait pas laisser voir en lui la simple nature humaine : il lui fallait demeurer pour moi le demi-dieu sur son piédestal.

— Qu'as-tu, mon amie? me demanda-t-il

en se retournant négligemment et paisiblement de mon côté.

Je ne répondis pas. J'éprouvais du dépit qu'il se cachât de moi et qu'il ne voulût pas rester à mes yeux tel que je l'aimais.

— Tu veux donc aller samedi à ce raout? me demanda-t-il.

— J'en avais envie, répondis-je, mais cela ne t'a pas convenu. Et puis tout est emballé, ajoutai-je.

Jamais il ne m'avait regardée aussi froidement; jamais aussi froidement il ne m'avait parlé.

— Je ne partirai pas avant mardi et j'ordonnerai de déballer les effets, reprit-il; par conséquent, nous ne partirons que quand tu le voudras. Fais-moi donc la grâce d'aller à cette soirée. Pour moi, je ne partirai pas.

Comme toujours quand il était livré à quelque agitation, il se promenait dans la chambre d'un pas inégal et sans me regarder.

— Décidément, je ne te comprends pas, dis-je en me mettant sur son passage et le suivant des yeux. Pourquoi me parler d'une façon si singulière? Je suis toute prête à te sacrifier ce plaisir, et toi, avec une ironie que je ne t'ai jamais connue envers moi, tu exiges que je m'y rende!

— Allons, bon! Tu te *sacrifies* (et il accentua fortement ce mot), et moi aussi je me sacrifie, quoi de mieux! Combat de générosité. Voilà, j'espère, ce qu'on peut appeler le bonheur en famille!

C'était la première fois que j'entendais sortir de sa bouche des paroles si dures et si railleuses. Sa raillerie ne m'atteignit pas et sa dureté ne m'effraya point, mais elles me devinrent contagieuses. Était-ce bien lui, toujours si ennemi des phrases dans nos rapports mutuels, toujours si franc et si simple, qui me parlait ainsi ? Et pourquoi ? Précisément parce que j'avais voulu me sacrifier à son plaisir, au-dessus duquel je ne pouvais envisager aucune autre chose; parce que, à cet instant même, devant cette pensée, j'avais compris combien je l'aimais. Nos rôles étaient renversés; c'était lui qui avait déserté toute franchise et toute simplicité, et moi qui les avais recherchées.

— Tu es bien changé, dis-je soupirant. De quoi suis-je coupable à tes yeux ? Ce n'est pas ce raout, mais quelque vieux péché que tu élèves contre moi dans ton cœur. Pourquoi n'y point mettre plus de sincérité ? Jadis tu ne la craignais pas autant avec moi. Parle net, qu'as-tu contre moi?

N'importe ce qu'il me dira, pensais-je en recueillant mes souvenirs avec un secret contentement de moi-même : il n'a le droit de rien me reprocher de tout cet hiver.

J'allai me placer au milieu de la chambre, pour qu'il fût obligé de passer auprès de moi, et je le regardai. Je me disais : Il s'approchera de moi, m'embrassera, et tout sera fini ; cette idée me traversa l'esprit, et cela me coûtait même un peu de n'avoir pu lui prouver qu'il était dans son tort. Mais il s'arrêta à l'extrémité de la pièce et, me regardant :

— Tu ne comprends toujours pas ? me dit-il.

— Non.

— Cependant..... comment te dire cela ?..
J'ai horreur, pour la première fois, j'ai horreur

de ce que j'éprouve et que je ne puis pas ne point éprouver. Il s'arrêta, évidemment effrayé de la rude intonation de sa voix.

— Que veux-tu dire ? lui demandai-je avec des larmes d'indignation dans les yeux.

— J'ai horreur que, le prince t'ayant trouvée jolie, tu aies, après cela, voulu courir au devant de lui, oubliant ton mari, toi-même, ta dignité de femme, et que tu ne veuilles pas comprendre ce que ton mari doit ressentir à ta place, puisque tu n'as pas toi-même ce sentiment de ta dignité ; bien loin de là, tu viens déclarer à ton mari que tu veux te *sacrifier*, ce qui revient à dire : « Plaire à Son Altesse serait mon plus grand bonheur, mais j'en fais le *sacrifice*. »

Plus il parlait et plus il s'animait du son de sa propre voix, et cette voix résonnait mordante, dure, violente. Je ne l'avais jamais vu et je ne me serais jamais attendu à le voir ainsi ; mon sang refluait vers le cœur ; j'avais peur, mais, tout en même temps, le sentiment d'une honte imméritée et d'un amour-propre offensé me remuait profondément, et j'aurais eu envie de me venger de lui.

— Il y a longtemps que j'attendais cet éclat, dis-je ; parle, parle.

— Je ne sais à quoi tu t'attendais, poursuivit-il ; moi, je pouvais attendre pis encore en te voyant chaque jour tremper dans cette fange, cette oisiveté, ce luxe, cette stupide société ; et j'attendais... J'attendais ce qui aujourd'hui me couvre d'une honte et m'abreuve d'une douleur comme je n'en ai jamais éprouvées ; de honte sur moi-même quand ton amie, fouillant dans mon cœur avec ses mains salies de boue, a parlé de ma jalousie, et de ma jalousie envers qui ? envers un homme que ni moi ni toi nous ne connaissons. Et toi, comme à dessein, tu veux ne pas me comprendre, tu veux me sacrifier qui ? grand Dieu !... Honte sur toi, honte sur ton abaissement ! Sacrifice ! répéta-t-il encore.

— Ah ! voilà donc ce que c'est que l'autorité d'un mari, pensai-je. Offenser et humilier sa femme, qui n'est coupable en n'importe quelle chose au monde. Voilà en quoi consistent les droits d'un mari ; mais à cela jamais je ne me soumettrai.

— Non, je ne te sacrifie rien, repris-je à haute voix, sentant mes narines se dilater démesurément et le sang abandonner mon visage. J'irai samedi au raout, bien certainement j'irai.

— Et Dieu t'y donne beaucoup de plaisir ! Seulement, entre nous tout est fini, s'écria-t-il dans un transport de rage qu'il ne pouvait plus contenir. Du moins tu ne me mettras pas plus longtemps au martyre. J'étais un fou qui....

Mais ses lèvres tremblaient, et il fit un effort visible pour se retenir et ne pas achever de dire ce qu'il avait commencé.

Je le craignais et je le haïssais dans ce moment-là. J'aurais voulu lui dire beaucoup de choses encore et me venger de toutes ses injures ; mais si j'avais seulement ouvert la bouche, je n'aurais pu arrêter mes larmes et j'aurais compromis devant lui ma dignité. Je quittai la chambre silencieusement. Mais à peine eus-je cessé d'entendre ses pas, que je fus tout à coup saisie d'effroi à la pensée de ce que nous avions fait. Il me sembla horrible que, peut-être pour la vie, se fût détruit ce lien qui constituait tout mon bonheur, et je voulais revenir sur mes pas. Mais serait-il suffisamment apaisé pour me comprendre quand je lui tendrais la main sans rien dire et que je le regarderais ? Comprendrait-il ma générosité ? Et s'il allait traiter ma douleur sincère de dissimulation ? Ou bien, en retour de ma droiture, m'accueillerait-il par ce qu'il eût appelé mon repentir ? N'accorderait-il pas mon pardon avec une orgueilleuse tranquillité ? Et pourquoi, lui que j'avais tant aimé, m'avait-il à un tel point offensée ?

Je n'allai point chez lui, mais bien dans ma chambre, où je restai longtemps seule, assise et à pleurer, me rappelant avec terreur chaque mot de ce dernier entretien, y substituant en pensée d'autres paroles, en ajoutant d'autres meilleures, puis me rappelant de nouveau, et avec un effroi mélangé du sentiment de mon outrage, ce qui s'était passé. Quand, le soir, je vins au thé et qu'en présence de C., qui se trouvait chez nous, je me rencontrai avec mon mari, je compris qu'à dater de ce jour tout un abîme s'était ouvert entre nous. C. me demanda quand nous partirions. Je ne parvins pas à lui répondre.

— Mardi, répliqua mon mari, nous irons encore au raout de la comtesse R. Tu y viendras sans doute ? continua-t-il en se tournant vers moi.

Je fus effrayée du son de cette voix dont l'intonation semblait cependant tout ordinaire, et je regardai timidement mon mari. Ses yeux me fixaient en face, son regard était plein de malice et d'ironie, son accent mesuré et froid.

— Oui, répondis-je.

Le soir, quand nous nous retrouvâmes seuls, il s'approcha de moi et, me tendant la main :

— Oublie, je te prie, ce que je t'ai dit.

Je lui pris la main, un sourire rempli de frissons effleura mon visage, et les larmes furent prêtes à jaillir de mes yeux ; mais lui, retirant sa main et comme s'il eût craint quelque scène de sentiment, s'assit dans un fauteuil assez loin de moi. « Est-il possible qu'il se croie encore avoir raison ? » pensai-je ; et j'avais sur le bord des lèvres une explication cordiale et la demande de ne point aller au raout.

— Il faut écrire à maman que nous avons différé notre départ, dit-il, sans cela elle serait inquiète.

— Et quand comptes-tu partir ? demandai-je encore.

— Mardi, après le raout.

— J'espère que ce n'est pas pour moi, dis-je en le regardant dans les yeux ; mais les siens se bornèrent à me regarder aussi et ne me dirent rien, comme entraînés loin de moi par une force secrète. Son visage me parut tout à coup vieilli et déplaisant.

Nous allâmes au raout, et en apparence nos rapports étaient redevenus bons et affectueux ; mais, au fond, ces rapports étaient tout autres que ceux du passé.

Au raout, j'étais assise au milieu d'un cercle de femmes quand le prince s'approcha de moi, si bien que je dus me lever pour lui parler. Une fois levée, je cherchai involontairement des yeux mon mari, et je le vis me regarder de l'autre bout de la salle, puis se détourner. Je fus envahie tout à coup par tant de honte et de douleur, que j'en éprouvai un trouble maladif et que je sentis mon visage et jusqu'à mon cou rougir sous les regards du prince. Mais je dus rester là et écouter ce qu'il me disait, tout en m'examinant du haut en bas. Notre entretien ne fut pas long, il n'y avait place nulle part pour qu'il pût s'asseoir près de moi, et il comprit assurément que je me sentais mal à l'aise avec lui. Nous parlâmes du dernier bal, de l'endroit où je passais l'été, etc. En me quittant il témoigna le désir de faire la connaissance de mon mari, et je vis ensuite qu'ils se rencontrèrent et causèrent ensemble à l'autre bout de la salle. Le prince lui dit probablement un mot sur moi, car au milieu de la conversation il sourit en regardant de mon côté.

Mon mari rougit aussitôt, salua profondément et quitta le prince le premier. Je rougis aussi, et j'eus honte de l'idée que le prince avait dû concevoir de moi, et en particulier de mon mari. Il me sembla que tout le monde avait remarqué mon timide embarras pendant le temps que j'avais parlé au prince, et remarqué également sa singulière démarche; Dieu sait, me disais-je, comment on aura pu l'interpréter; ne saurait-on pas par hasard ma discussion avec mon mari? Ma cousine me reconduisit à la maison, et en chemin nous causâmes de lui toutes deux. Je ne pus m'empêcher de lui raconter tout ce qui s'était passé entre nous à l'occasion de ce malheureux raout. Elle me tranquillisa en me disant que c'était une de ces querelles fréquentes qui ne signifient rien et qui ne laissent aucune suite; en m'expliquant à son point de vue le caractère de mon mari, elle me dit qu'elle le trouvait très peu communicatif et très orgueilleux ; j'en tombai d'accord avec elle, et il me sembla après cela mieux comprendre son caractère, et le comprendre avec plus de calme.

Mais ensuite, quand nous nous retrouvâmes en tête-à-tête, mon mari et moi, ce jugement que j'avais porté sur son compte me parut un véritable crime qui me pesait sur la conscience, et je sentis que l'abîme qui s'était creusé de lui à moi s'élargissait de plus en plus entre nous deux.

A dater de ce jour, notre vie et nos rapports réciproques subirent un changement complet. Le tête-à-tête ne nous parut pas si bon qu'auparavant. Il y avait des questions que nous évitions de traiter, et il nous était plus facile de causer en présence d'une tierce personne qu'en face l'un de l'autre. Dès que la conversation faisait la moindre allusion, soit à la vie de campagne, soit à un bal, il s'élevait comme des feux follets qui nous papillotaient dans les yeux, et nous éprouvions de l'embarras seulement à nous regarder ; nous semblions comprendre tous deux sur quel point l'abîme nous séparait et craindre de nous en approcher. J'étais persuadée qu'il était orgueilleux et emporté, et qu'il me fallait être très circonspecte pour ne pas heurter ses faiblesses. Et lui, il était convaincu que je ne pouvais vivre loin de la vie du monde, que celle de la campagne ne me convenait pas, et qu'il fallait se résigner à ce goût malheureux. Aussi évitions-nous, chacun de notre côté, tout entretien direct sur ces sujets, et nous jugions-nous l'un l'autre avec toute fausseté. Nous avions cessé depuis longtemps d'être respectivement, à nos propres yeux, les êtres les plus parfaits de ce monde, établissant au contraire de réciproques comparaisons avec ceux qui nous entouraient et de secrètes appréciations de nos caractères.

## VIII

J'avais été très souffrante avant notre départ, et au lieu d'aller à la campagne, nous nous étions installés dans une villa, d'où mon mari alla seul voir sa mère. Quand il partit, j'étais déjà suffisamment rétablie pour pouvoir l'accompagner; mais il m'engagea à rester, comme s'il eût craint pour ma santé. Je compris qu'au fond ce n'était pas pour ma santé qu'il craignait, mais plutôt qu'il était plein de la pensée qu'il ne serait pas bon pour nous d'être à la campagne; je n'insistai pas beaucoup et je restai. Sans lui, je me sentis, à la vérité, dans le vide et l'isolement ; mais quand il revint, je m'aperçus que sa présence n'ajoutait plus à mon existence ce qu'elle y ajoutait jadis. Ces rapports d'autrefois, alors que chaque pensée, chaque sensation, si je ne les lui avais pas communiquées, m'oppressaient comme autant de crimes ; alors que toutes ses actions, toutes ses paroles me paraissaient être des modèles de perfection ; alors que la joie nous portait à rire de n'importe quoi, en nous regardant l'un l'autre ; ces rapports s'étaient changés si insensiblement en de tout autres, que nous-mêmes nous ne nous rendions pas compte de cette métamorphose. Mais, au fond, chacun de nous avait dès lors des occupations et des intérêts séparés que nous ne cherchions plus à mettre en commun. Nous avions même cessé d'éprouver aucun trouble de vivre ainsi dans des mondes entièrement distincts, entièrement étrangers l'un à l'autre. Nous nous habituâmes à cette pensée, et au bout d'un an, tout embarras mutuel s'était évanoui quand nous venions à nous regarder. Ses accès de gaîté vis-à-vis de moi, ses enfantillages avaient complètement disparu, et elle avait aussi disparu, cette indulgente indifférence à l'égard de toutes choses, qui jadis m'avait révoltée ; rien non plus n'avait survécu du regard profond d'autrefois, qui me troublait et me réjouissait à la fois; plus de ces prières, de ces transports que nous aimions à partager ensemble, et nous ne nous voyions même plus que rarement; il était constamment en courses, et je ne craignais plus, je ne me plaignais plus de rester seule; j'étais perpétuellement lancée de mon côté au milieu des relations du monde, sans éprouver en rien le besoin de m'y produire avec lui.

De scènes et d'altercations entre nous, il n'était jamais question. Je m'efforçais à le satisfaire, il accomplissait tous mes désirs, et l'on eût dit que nous nous aimions toujours l'un l'autre.

Quand nous restions seuls, ce qui d'ailleurs ne nous arrivait pas souvent, je n'éprouvais auprès de lui ni joie, ni agitation, ni embarras, tout comme si je m'étais trouvée seul avec moi-même. Je savais très bien que celui qui était là n'était pas le premier venu, quelqu'un d'inconnu, mais bien au contraire un très excellent homme, enfin mon mari, que je connaissais aussi bien que moi-même. J'étais persuadée de savoir à l'avance tout ce qu'il ferait, ce qu'il dirait, toute sa manière de voir, et quand il faisait ou pensait autrement que je ne m'y fusse attendue, je trouvais tout simplement qu'il s'était trompé ; aussi n'attendais-je précisément rien de sa part. En un mot, c'était mon mari, et rien de plus. Il me semblait que les choses étaient telles et devaient être telles, qu'il ne pouvait exister et que même il n'avait jamais existé d'autres rapports entre nous. Quand il s'absentait, surtout dans les premiers temps, j'éprouvais pourtant un terrible isolement, et c'était loin de lui que je ressentais encore avec force toute la valeur de son appui; et de même, quand il revenait, je me jetais avec joie à son cou ; mais deux heures s'étaient à peine écoulées que j'avais oublié cette joie et que je ne trouvais plus rien à lui dire. Dans ces courts instants où une tendresse paisible et tempérée venait à renaître entre nous, il me semblait seulement que ce n'était plus cela, que ce n'était plus ce qui avait si puissamment rempli mon cœur, et il me semblait lire dans ses yeux la même impression. Je sentais qu'il y avait en cette tendresse une limite, qu'il ne voulait pas et que je ne voulais pas non plus franchir. Quelquefois cela me causait du chagrin, mais je n'avais plus le temps de penser sérieusement à quoi que ce fût, et je m'efforçais d'oublier ce chagrin par une variété de distractions dont je ne me rendais même pas clairement compte, mais qui s'offraient perpétuellement à moi. La vie du monde, qui, au commencement, m'avait étourdie par son éclat et la satisfaction qu'elle apportait à mon amour-propre, avait bientôt entièrement dominé tous mes penchants, était devenue pour moi une habitude tout en m'asservissant, et avait occupé dans mon âme toute cette place qui y avait été destinée à abriter le sentiment. Aussi évitais-je souvent de rester seule avec moi-même dans la crainte d'approfondir ma situation. Tout mon temps, depuis l'heure la plus matinale jusqu'aux heures les plus avancées de la nuit, était pris et ne m'appartenait plus, même si je devais ne pas sortir. Je n'y trouvais ni plaisir, ni ennui, et il me semblait qu'il en avait dû toujours être ainsi.

C'est de la sorte que trois années s'écoulèrent, et pendant leur durée nos rapports demeurèrent les mêmes, comme immobilisés, figés, et comme s'ils ne pouvaient devenir ni pires, ni meilleurs. Dans le cours de ces trois années, deux événements importants étaient survenus au sein de notre vie de famille, mais ni l'un ni l'autre n'avait apporté aucun changement dans mon existence. Ces événements avaient été la naissance de mon premier enfant et la mort de Tatiana Semenovna. Dans les premiers temps, le sentiment maternel m'avait envahi avec une telle force, et un transport si inattendu s'était emparé de moi, que j'avais pensé qu'une vie nouvelle allait commencer pour moi; mais au bout de deux mois, quand je recommençai à sortir, ce sentiment, allant toujours en décroissant, avait tourné en habitude et en froid accomplissement d'un devoir. Mon mari, au contraire, dès le moment de la naissance de ce premier fils, était redevenu l'homme du temps passé, doux, paisible et casanier, et avait reporté sur son enfant toute son ancienne tendresse et toute sa gaieté. Souvent, quand j'entrais en robe de bal dans la chambre de l'enfant pour lui donner la bénédiction du soir et que j'y trouvais mon mari, je remarquais le regard de reproche, le regard sévère et attentif qu'il semblait diriger sur moi, et j'avais honte tout à coup. J'étais terrifiée moi-même de mon indifférence envers mon enfant et je me demandais : est-ce que je serais plus mauvaise que les autres femmes? Mais qu'y faire? pensais-je. Certes, j'aime mon fils, mais je ne peux pourtant pas demeurer assise auprès de lui des journées entières, cela m'ennuierait; quant à feindre, je ne l'aurais pas voulu pour chose au monde.

La mort de sa mère fut pour lui un très grand chagrin ; il lui devint très pénible, disait-il, d'habiter après elle Nikolski, et bien que je l'eusse beaucoup regrettée et que je partageasse le chagrin de mon mari, il m'eût été plus agréable, à présent, et plus reposant de vivre à la campagne. Nous avions passé en ville la plus grande partie de ces trois années ; je n'avais été qu'une seule fois à la campagne pendant deux mois ; et la troisième année nous partîmes pour l'étranger.

Nous restâmes l'été aux eaux.

J'avais alors vingt et un ans. Notre fortune, pensais-je, était dans un état florissant ; de la vie de famille je n'attendais rien de plus que ce qu'elle m'avait donné ; tous ceux que je connaissais, me semblait-il, m'aimaient ; ma santé était excellente, mes toilettes étaient les plus fraîches que l'on pût voir aux eaux, je savais que j'étais jolie, le temps était superbe, je ne sais quelle atmosphère de beauté et d'élégance m'enveloppait, et tout me paraissait joyeux au plus haut point. Et cependant je n'étais pas

joyeuse comme je l'avais été à Nikolski, alors
que je sentais que mon bonheur était en moi-
même, alors que j'étais heureuse parce que je
méritais de l'être; que mon bonheur était
grand, mais qu'il pouvait être plus grand encore. Maintenant il en était autrement ; mais
cet été n'en était pas moins bon. Je n'avais
rien à désirer, rien à espérer, rien à craindre ;
ma vie, autant qu'il me semblait, était dans
tout son plein, et ma conscience, me semblait-
il aussi, était tranquille.

Parmi les jeunes gens qui brillaient au sein
de cette saison d'eaux, il n'y avait pas un seul
homme que j'eusse, en n'importe quoi, dis-
tingué des autres, pas même du vieux prince
K., notre ambassadeur, qui me faisait un peu
la cour. L'un était tout jeune, un autre trop
vieux, l'un était un Anglais aux boucles blondes,

l'autre un Français barbu; tous m'étaient parfaitement indifférents, mais en même temps tous m'étaient indispensables. Avec leurs visages insignifiants, ils appartenaient tout de même à cette atmosphère élégante de la vie dans laquelle j'étais plongée. Cependant, il y en eut un parmi eux, le marquis italien D., qui plus que les autres attira mon attention par la façon hardie dont il avait exprimé devant moi l'enthousiasme que je lui inspirais. Il ne laissait échapper aucune occasion de se rencontrer avec moi, de danser, de monter ensemble à cheval, d'aller au casino, et il me disait sans cesse que j'étais jolie. Je le voyais quelquefois de ma fenêtre rôder autour de notre maison, et souvent l'assiduité déplaisante des regards que me lançaient ses yeux étincelants m'avait fait rougir et me détourner.

Il était jeune, bien de sa personne, élégant, et ce qu'il y avait de remarquable, c'est que, dans son sourire et par certaine expression de son front, il ressemblait à mon mari, bien qu'il fût beaucoup mieux que lui. Je fus frappée de cette ressemblance, quoiqu'il en différât dans l'ensemble, dans la bouche et le regard, dans la forme allongée du menton, et qu'au lieu du charme que donnait à mon mari l'expression d'une bonté et d'un calme idéal, il y eût en lui quelque chose de grossier et presque de bestial. Là-dessus, il me vint l'idée qu'il m'aimait passionnément; je pensais quelquefois à lui avec une orgueilleuse compassion. Il m'arriva de chercher à le calmer, à le ramener aux termes d'une confiance possible et semi-amicale, mais il repoussa mes tentatives de la façon la plus tranchante et continua, à mon grand déplaisir, à me troubler par les témoignages d'une passion, muette encore, mais menaçant à tout instant de faire explosion. Bien que je ne me l'avouasse pas, je craignais cet homme, et en quelque sorte contre ma propre volonté, je pensais souvent à lui. Mon mari avait fait sa connaissance, et même beaucoup plus intimement qu'avec nos autres relations, vis-à-vis desquelles il se bornait plutôt à être simplement le mari de sa femme, se montrant d'ailleurs froid et hautain.

A la fin de ma saison d'eaux je fus indisposée, et pendant deux semaines je ne quittai point la maison. Quand, pour la première fois après ma maladie, je sortis le soir pour aller à la musique, j'appris que, pendant ma réclusion, était arrivée lady C., qu'on attendait depuis longtemps et qui était réputée pour sa

beauté. Il se forma autour de moi un cercle
de personnes qui me firent joyeux accueil,
mais un cercle bien plus nombreux se groupa
autour de la lionne nouvelle venue. Auprès de
moi tous ne parlaient que d'elle et de sa
beauté. On me la montra ; elle était, en effet,
très séduisante, mais néanmoins je fus désa-
gréablement impressionnée par la suffisance
peinte sur ses traits, et je le dis. Ce jour-là
tout ce qui jusqu'alors m'avait paru si gai me
remplit d'ennui. Le jour suivant, lady C. orga-
nisa une excursion au château à laquelle je
renonçai. Il ne resta à peu près personne avec
moi, et décidément tout changea de face à mes
yeux. Tout, choses et hommes, me parut en ce
moment stupide et fastidieux ; j'avais envie
de pleurer, de terminer ma cure au plus vite
et de retourner en Russie. Au fond de mon

âme il s'était glissé un sentiment malsain, mais que je ne me confessais pas à moi-même. Je me dis souffrante et je cessai de me montrer dans les réunions du grand monde; je ne sortis plus que rarement, seule, et le matin, pour boire les eaux, ou bien j'allais dans les environs avec L. M., une de mes connaissances russes. Mon mari n'était pas là pendant ce temps; il était parti depuis quelques jours pour Heidelberg où il attendait la fin de ma cure, afin de repartir ensuite pour la Russie, et il ne revenait me voir que de temps à autre.

Un jour lady C. entraîna toute la société dans une partie, et, de notre côté, L. M. et moi, nous allâmes après dîner au château. Pendant que nous suivions, au pas de notre calèche, la chaussée sinueuse entre les rangées de châtaigniers séculaires à travers lesquels on découvrait au loin ces délicieux et élégants environs de Bade, aux derniers rayons d'un soleil couchant, nous nous mîmes à causer sérieusement, ce qui ne nous était jamais arrivé. L. M., que je connaissais depuis longtemps, m'apparut pour la première fois sous les traits d'une femme jolie et spirituelle, avec qui on pouvait parler de tout, et dont la société offrait de l'agrément. La conversation roula sur la famille, les enfants, la vie si vide qu'on menait au lieu où nous étions, notre désir de nous retrouver en Russie, à la campagne, et tout à coup je ne sais quelle impression douce et triste s'empara de nous. C'est sous l'influence de ces sentiments sérieux que nous arrivâmes au château. Derrière ses murs régnaient l'ombre et la fraîcheur, au sommet des ruines se jouaient encore les rayons du soleil, et le moindre écho de pas et de voix retentissait sous ces voûtes. A travers la porte, se déroulait comme dans un cadre le tableau de cette nature du pays de Bade, charmante et pourtant froide aux yeux de nous autres Russes.

Nous nous étions assis pour nous reposer et nous contemplions en silence le coucher du soleil. Des voix se firent entendre plus distinctes, et il me sembla que quelqu'un prononçait mon nom de famille. Je me mis à écouter et je saisis involontairement quelques mots. C'étaient des voix à moi connues, celles du marquis D. et du Français, son ami, que je connaissais aussi. Ils parlaient de moi et de lady C. Le Français nous comparait l'une à l'autre, et analysait la beauté de chacune de nous. Il ne disait rien d'offensant, et cependant le sang me remonta au cœur quand j'entendis ses paroles. Il expliquait en détail ce qu'il trouvait de bien, soit en moi, soit en lady C. Pour moi, j'avais déjà un enfant, et lady C. n'avait que dix-neuf ans; la tresse de mes cheveux était plus belle, mais en revanche celle de lady C. était plus gracieuse; lady C. était plus grande dame, tandis que la vôtre, disait-il en parlant de moi, est une de ces petites princesses russes qui, si souvent, viennent faire ici leur apparition. Il conclut en disant que je faisais très bien en n'essayant pas de lutter contre lady C., ou que définitivement je trouverais à Bade mon tombeau.

— Cela me ferait vraiment de la peine.

— A moins qu'elle ne veuille se consoler avec vous, ajouta le Français avec un rire joyeux et cruel.

— Si elle partait, je la suivrais, dit grossièrement la voix à l'accent italien.

— Heureux mortel! il peut encore aimer! répondit son interlocuteur avec moquerie.

— Aimer! reprit la voix, et elle se tut un moment. Je ne peux pas ne point aimer! Sans amour il n'y a point de vie. Faire de sa vie un roman, il n'y a que cela de bon. Et mon roman ne s'arrête jamais au milieu; celui-ci comme les autres, je le mènerai jusqu'au bout.

— Bonne chance, mon ami, poursuivit le Français.

Je n'en entendis pas davantage, parce qu'ils passèrent derrière un angle du mur et que bientôt leurs pas se perdirent d'un autre côté. Ils descendirent l'escalier, et au bout de quelques minutes ils sortirent par une porte latérale et furent très surpris en nous voyant. Je rougis quand le marquis D. s'approcha de moi, et je fus tout effrayée quand, à la sortie du château, il m'offrit son bras. Je ne pouvais refuser, et à la suite de L. M., qui cheminait avec l'ami du marquis, nous nous dirigeâmes vers la calèche. J'étais offensée de ce que le Français avait dit de moi, bien que je reconnusse en secret qu'il s'était borné à donner un nom à ce que je sentais moi-même ; mais les paroles du marquis m'avaient confondue et révoltée par leur grossièreté. J'étais torturée par la pensée d'avoir entendu ces paroles, et en même temps je n'avais plus peur de lui. J'étais dégoûtée de le sentir si près de moi ; sans le regarder, sans lui répondre, et tout en m'efforçant de retenir mon bras de telle façon que je ne pusse écouter ses paroles, je marchai hâtivement derrière L. M. et le Français.

Le marquis me disait je ne sais quoi sur la beauté de la vue, sur le bonheur inattendu de m'avoir rencontrée, et je ne sais quoi encore; mais je ne l'entendais pas. Je pensais durant ce temps à mon mari, à mon fils, à la Russie; j'étais partagée entre la honte, la pitié, le désir de hâter encore plus mon retour à la maison, dans ma chambre solitaire de l'*Hôtel de Bade*, afin de réfléchir en liberté sur ce qui, depuis un moment, se soulevait dans mon âme. Mais L. M. marchait doucement, il y avait encore loin jusqu'à la calèche, et il me semblait que mon cavalier ralentissait obstinément le pas, comme s'il essayait de rester seul avec moi. « Cela ne peut être pourtant ! » me dis-je, et je me décidai à marcher d'une allure plus rapide. Mais il me retint positivement et il me serra même . bras; à ce moment L. M.

tourna un coin de la route et nous demeurâmes entièrement seuls. Je fus saisie de crainte.

— Excusez-moi, dis-je froidement, et je voulus retirer mon bras, mais la dentelle de ma manche s'accrocha dans un de ses boutons. Alors, se courbant vers moi, il se mit à la détacher, et ses doigts dégantés touchèrent mon bras. Un sentiment nouveau, qui n'était pas l'effroi, qui n'était pas non plus le plaisir, me fit courir dans le dos un frisson glacé. Je le regardais en même temps, pour que mon froid regard exprimât tout le mépris que je lui portais; mais ce regard, paraît-il, n'exprimait pas ce sentiment autant que celui de la frayeur et de l'agitation. Ses yeux ardents et humides, arrêtés sur moi, me fixaient avec passion, ses deux mains saisirent les miennes au-dessus du poignet, ses lèvres entr'ouvertes me murmurèrent quelque chose, me dirent qu'il m'aimait, que j'étais tout pour lui, et ses mains me pressèrent plus fortement. Je sentis du feu dans mes veines, mes yeux s'obscurcirent, je tremblai, et les paroles par lesquelles j'aurais voulu l'arrêter se desséchèrent dans mon gosier. Tout à coup je sentis un baiser sur ma joue, et alors, tremblante et glacée, je demeurai sur place et le regardai. N'ayant la force ni de parler, ni d'agir, pleine d'effroi, j'attendais et je souhaitais Dieu sait quoi.

Tout ceci eut la durée d'un instant. Mais cet instant fut terrible! Dans cet instant je le vis tout entier tel qu'il était, j'analysai son visage d'un coup d'œil : son front court et bas, son nez droit et correct, aux narines gonflées, ses moustaches et sa barbe fines et cirées en pointes aiguës, ses joues rasées

avec soin, et son cou bruni. Je le haïssais, je le craignais, il était un étranger pour moi, et pourtant dans ce moment avec quelle puissance retentirent en moi le trouble et la passion de cet homme haïssable, de cet étranger !
— Je vous aime, murmura-t-il de cette voix qui était si semblable à celle de mon mari. Mon mari et mon enfant me revinrent aussitôt à la mémoire, comme des êtres chéris qui auraient existé jadis et pour qui tout eût été fini. Mais soudain, de derrière un coude du chemin, se fit entendre la voix de L. M., qui m'appelait. Je repris mes esprits, j'arrachai ma main sans le regarder, je m'enfuis à peu près pour rejoindre L. M. Nous montâmes ans la calèche, et alors seulement je lui jetai m coup d'œil. Il ôta son chapeau et me dit je ne sais plus quoi en souriant. Il ne se dou-

tait pas de l'inexprimable torture qu'il me faisait endurer en ce moment.

La vie me semblait si malheureuse, l'avenir si désespéré, le passé si sombre ! L. M. causa avec moi, mais je ne compris pas un mot de ce qu'elle me disait. Il me semblait qu'elle me parlait uniquement par compassion, pour cacher le mépris que je lui inspirais. Dans chacune de ses paroles, dans chacun de ses regards je croyais saisir ce mépris et cette outrageante compassion. Ce baiser brûlait encore mes joues d'une honte cuisante, et la pensée de mon mari, celle de mon enfant, m'étaient insupportables. Restée seule dans ma chambre, j'espérais pouvoir méditer sur ma situation ; mais il me parut effroyable de demeurer seule. Je ne pris pas le thé qu'on m'apporta, et sans savoir moi-même pourquoi, avec une hâte dévorante, je me décidai à partir le soir même par le train de Heidelberg et à rejoindre mon mari. Quand je fus assise avec ma femme de chambre dans le wagon désert, que la machine se mit en mouvement et que je respirai l'air frais par les glaces baissées, je commençai à revenir à moi et à me représenter d'une manière plus claire mon passé et mon avenir. Toute ma vie de mariage, à dater du jour de notre départ pour Pétersbourg, m'apparut soudain sous un jour nouveau et remplit ma conscience de reproches.

Pour la première fois je me rappelai vivement notre début d'existence à la campagne, mes plans ; pour la première fois cette question me vint à l'esprit · quelles ne furent pas ses joies pendant ce temps ? Et je me sentais coupable envers lui. Mais aussi pourquoi ne pas me retenir, pourquoi dissimuler devant moi, pourquoi éviter toute explication, pourquoi m'offenser ? me demandais-je. Pourquoi n'usait-il pas avec moi du pouvoir de son amour ? Ou bien ne m'aimait-il plus ? Mais qu'il fût coupable ou non, le baiser de cet étranger n'en demeurait pas moins empreint sur ma joue, et il me semblait le ressentir encore. Plus j'approchais de Heidelberg et plus claire s'offrait à moi l'image de mon mari, plus terrible l'attente imminente du revoir. Je lui dirai tout, tout ; je noierai mes yeux des larmes du repentir, pensais-je, et il me pardonnera. Mais je ne savais pas moi-même ce qu'était ce « tout » que je lui dirais, et je n'étais pas convaincue qu'il me pardonnât.

Aussi, dès que j'entrai dans la chambre de mon mari et que je revis son visage si calme, bien qu'étonné, ne me sentis-je plus en état de lui rien dire, de rien confesser, ni de lui demander mon pardon. Une indicible affliction et un repentir profond pesaient sur moi.

— A quoi as-tu donc pensé? me dit-il : je comptais aller te rejoindre demain. Mais, m'ayant examinée de plus près, il se montra presque effrayé. Qu'as-tu? qu'as-tu donc? poursuivit-il.

— Rien, répondis-je, ayant peine à retenir mes larmes... Je suis arrivée pour tout de bon. Partons, fût-ce demain, pour rentrer chez nous en Russie.

Il demeura longtemps en silence, m'observant avec attention.

— Allons, raconte-moi ce qui est arrivé? dit-il enfin.

Je rougis involontairement et je baissai les yeux. Dans les siens brillait je ne sais quel pressentiment d'outrage et de courroux. Je redoutai la pensée qui pouvait l'assaillir, et avec une puissance de dissimulation dont je ne me serais moi-même pas crue capable, je me hâtai de lui dire :

— Il ne m'est rien arrivé, seulement l'ennui et la tristesse m'ont gagnée ; j'étais seule, j'ai beaucoup pensé à notre genre de vie et à toi. Qu'il y a longtemps que je suis coupable envers toi ! Après cela, tu peux bien m'emmener avec toi où tu voudras ! Oui, il y a longtemps que je suis coupable envers toi, répétai-je, et de nouveau les larmes jaillirent de mes yeux. Retournons à la campagne, m'écriai-je, et pour toujours!

— Ah! mon amie, dispense-moi de ces scènes sentimentales, dit-il froidement : que tu ailles à la campagne, c'est très bien, parce que nous sommes un peu à court d'argent ; mais que ce soit pour toujours, là est le rêve : je sais que tu ne peux pas y rester longtemps. Allons, bois une tasse de thé, ce sera mieux, conclut-il en se levant pour appeler la domestique.

Je me représentai ce que sans doute il pensait de moi, et je me sentis offensée des affreuses idées que je lui attribuai en rencontrant le regard plein de méfiance et de honte, en quelque façon, qu'il dirigea sur moi. Non, il ne veut et ne peut me comprendre ! Je lui dis que j'allais voir l'enfant, et je le quittai. Il me tardait d'être seule et de pouvoir pleurer, pleurer, pleurer...

## IX

Notre maison de Nikolski, si longtemps froide et déserte, revécut de nouveau; mais ce qui ne revécut point, ce fut ce qui y avait existé; maman n'y était plus, et nous étions désormais seuls, l'un vis-à-vis de l'autre. Or, maintenant, non seulement la solitude n'était plus ce qu'il nous eût fallu, elle était une gêne pour nous. L'hiver s'y écoula n'alla si plus mal pour moi que je fus souffrante, et que je ne me rétablis qu'après la naissance de mon second fils.

Mes rapports avec mon mari continuèrent d'être ceux d'une froide amitié, comme dès le temps de notre vie à Pétersbourg; mais à la campagne, il n'était pas jusqu'au plancher, aux murailles, aux meubles, qui ne me rappelassent ce qu'il avait été pour moi et ce que j'avais perdu. Il y avait entre nous comme une offense non pardonnée; on eût dit qu'il voulait me punir de quelque chose et qu'il faisait semblant de ne pas s'en apercevoir lui-même. Comment demander pardon sans savoir pour quelle faute? Il me punissait uniquement de ce que lui-même il ne se donnait plus tout entier à moi, de ce qu'il ne me livrait plus son âme comme naguère; mais à personne ni en aucune circonstance il ne livrait cette âme, tout comme s'il n'en avait pas eu. Il me passait quelquefois par la tête qu'il ne feignait d'être tel que pour me tourmenter et qu'en lui vivait toujours le même sentiment d'autrefois, et je m'efforçais de le provoquer à le laisser voir ; mais lui, chaque fois, il éludait toute franche explication ; on eût dit qu'il me soupçonnait de dissimulation et qu'il craignait comme un ridicule toute manifestation de sensibilité. Ses regards et son air semblaient dire : « Je sais tout, il n'y a rien à me dire ; tout ce que tu voudrais me confier, je le sais ; je sais que tu dis d'une manière et que tu agis d'une autre. » Au commencement, je m'offensai de cette crainte qu'il témoignait d'être franc avec moi, puis je m'habituai à cette pensée que chez lui ce n'était pas un défaut de franchise, mais bien l'absence d'un besoin de franchise.

A mon tour, ma langue n'aurait plus été capable de lui dire tout à coup que je l'aimais, ou de lui demander de lire les prières avec moi, ou de l'appeler quand je faisais de la musique; on sentait même entre nous comme la fixation tacite de certaines règles de convenance. Nous vivions chacun de notre côté : lui, avec ses occupations où je n'éprouvais plus ni besoin, ni désir de prendre ma part; moi, avec mon désœuvrement, qui ne le blessait et ne l'affligeait plus comme autrefois. Quant aux enfants, ils étaient encore trop petits pour pouvoir servir de lien entre nous.

Cependant le printemps survint. Macha et Sonia arrivèrent pour passer l'été à la campagne; notre maison de Nikolski fut mise en réparation, et nous allâmes nous établir à Pokrovski. C'était toujours notre vieille demeure avec sa terrasse, sa table à coulisse et son piano dans la salle lumineuse, et mon ancienne chambre avec ses rideaux blancs, et mes rêves de jeune fille qu'on eût dit y avoir été oubliés. Dans cette chambre il y avait deux lits, un qui avait été le mien et où le soir j'allais bénir le joufflu Kokocha [1] au milieu de ses gambades, et un autre petit lit où l'on entrevoyait le minois de Vasica [2], sortant de ses maillots. Après les avoir bénis, je restais souvent au milieu de cette chambre si paisible ; et tout à coup, de tous les angles de ses murailles, du fond de ses rideaux s'élevaient des visions oubliées de ma jeunesse. Elles commençaient à chanter d'antiques refrains de chansons enfantines. Et qu'étaient-elles devenues, ces visions ? Qu'étaient-elles devenues,

1. *Diminutif de Nicolas.*
2. *Diminutif d'Yvan.*

ces gracieuses et douces chansons? Tout ce que j'avais à peine osé espérer s'était accompli. Mes rêves les plus confus et les plus compliqués étaient devenus des réalités, et c'était cette réalité même qui constituait ma vie si lourde, si difficile, si dépouillée de joie. Et cependant, autour de moi, toutes choses ne sont-elles pas restées ce qu'elles étaient? N'est-ce pas bien ce même jardin que j'aperçois de la fenêtre, ces mêmes terrasses, ces mêmes sentiers, ces bancs? Là-bas au-dessus du ravin les chants des rossignols semblent toujours sortir des eaux de l'étang, les lilas fleurissent comme jadis, et comme jadis la lune répand ses clartés sur la maison, et pourtant tout est si terriblement changé pour moi, changé au delà du possible! Tout comme dans le vieux temps nous causons encore paisiblement, Macha et moi, assises dans le salon, et nous parlons de lui. Mais Macha fronce le sourcil, son teint jaunit, ses yeux ne brillent plus de contentement et d'espérance, ils expriment une tristesse sympathique et presque de la compassion. Nous ne nous extasions plus sur son compte, comme par le passé, nous le jugeons maintenant ; nous n'admirons plus comment et combien nous sommes heureux, et nous ne sentons plus le besoin de raconter au monde entier, comme par le passé aussi, tout ce que nous pensons ; ainsi que des conspiratrices, nous chuchotons à l'oreille l'une de l'autre ; pour la centième fois nous nous demandons l'une à l'autre pourquoi tout est si triste et a tant changé ? Lui, il est toujours le même ; seulement le pli qui partage son front est devenu plus creusé, sa tête a les tempes plus grisonnantes; mais son regard attentif, profond, continuellement détourné de moi, est couvert d'un nuage. Je suis aussi toujours la même, mais il n'y a plus en moi ni amour, ni désir d'aimer. En moi plus de besoin de travail, plus de satisfaction de moi-même. Et combien m'apparaissent aujourd'hui lointains et comme impossibles mes transports religieux d'autrefois, mon ancien amour pour lui, et cette plénitude de vie que je ressentais en même temps! Je ne comprenais plus maintenant ce qui alors m'avait paru si lumineux et vrai : le bonheur de vivre pour autrui. Pourquoi pour autrui? quand je ne voulais pas vivre pour moi-même...

J'avais complètement abandonné la musique à l'époque où j'étais allée à Pétersbourg; mais à présent mon vieux piano, mes vieilles partitions m'en avaient de nouveau rendu le goût.

Un jour que j'étais souffrante, je restai seule à la maison ; Macha et Sonia étaient allées avec lui à Nikolski voir la nouvelle construction. La table de thé était couverte, j'étais descendue et, en les attendant, je m'étais assise au piano. J'ouvris la sonate *Quasi una fantasia*, et je me mis à la jouer. On ne voyait et on n'entendait âme qui vive, les fenêtres étaient ouvertes sur le jardin ; ces accents si connus, d'une solennité triste et pénétrante, retentissaient dans la chambre. Je terminai la première partie, et tout à fait inconsciemment, par suite d'une ancienne habitude, je regardai cet angle où il s'asseyait en m'écoutant. Mais il n'était plus là : une chaise, qui depuis longtemps n'avait pas été déplacée, occupait seule son coin favori; sur le bord d'une fenêtre, on apercevait une touffe de lilas qui se détachait sur le couchant lumineux, et la fraîcheur du soir pénétrait par les croisées ouvertes. Je m'accoudai sur le piano, je couvris mon visage de mes deux mains, et je me mis à rêver. Je restai longtemps ainsi, me rappelant avec douleur l'ancien temps, irréparablement enfui, et scrutant timidement le temps nouveau. Mais dorénavant il me semblait que rien n'était plus, que je ne désirais ni n'espérais plus rien. Est-il possible que j'aie survécu à tout cela! pensai-je en soulevant ma tête avec horreur, et afin d'oublier et de ne plus penser, je me remis à jouer, et toujours le même *andante*. Mon Dieu! disais-je, pardonne-moi si e suis coupable, ou rends-moi tout ce qui dans mon âme la rendait belle, ou apprends-moi ce que je dois faire? Comment je dois vivre?

Un bruit de roues se fit entendre sur le gazon et devant le perron; puis sur la terrasse j'entendis des pas discrets et qui m'étaient familiers, puis ce bruit s'arrêta. Mais ce n'était plus le sentiment d'autrefois que réveillait en moi le son de ces pas familiers. Quand j'eus fini le morceau, derrière moi les pas reprirent leur marche et une main se posa sur mon épaule.

— Quelle heureuse idée tu as eue de jouer cette sonate! dit-il.

Je ne répondis pas.

— Tu ne prends pas le thé?

Je secouai négativement la tête, sans me retourner vers lui, pour ne pas lui laisser voir les traces de l'agitation qui régnait encore sur mes traits.

— Elles vont arriver tout à l'heure ; le cheval a fait quelques folies, et elles reviennent à pied par la grande route, reprit-il.

— Nous les attendrons, dis-je, et je passai sur la terrasse, espérant qu'il viendrait m'y rejoindre ; mais il s'informa des enfants et alla les voir. De nouveau, sa présence, le son de sa voix, si bonne, si simple, me dissuada de croire que tout fût perdu pour moi. Que désirer de plus ? pensais-je : il est bon et doux, il est excellent mari, excellent père, et je ne sais moi-même pas ce qui me manque.

J'.... ...... .. .... .... je .. .. .... sous la tente de la terrasse, sur ce même banc où j'étais assise le jour de notre explication décisive. Le soleil était près de son coucher, il commençait à faire sombre; un nuage de printemps estompait le ciel pur où s'allumait déjà le feu d'une petite étoile. Le vent était tombé et pas une feuille, pas une herbe ne frissonnait; l'odeur des lilas et des merisiers, si puissante que l'on eût dit que l'air tout entier fleurissait lui-même, se répandait par bouffées sur le jardin et sur la terrasse, tantôt en s'affaiblissant et tantôt en se renforçant, et donnait l'envie de fermer les yeux, de ne plus rien voir ni rien écouter, et de se borner pour toute sensation à respirer ce doux parfum. Les dahlias et les touffes de rosiers encore sans feuilles, alignés immobiles dans la terre noire et fraîchement bêchés de leurs corbeilles, semblaient élever avec lenteur leurs têtes sur leurs tuteurs blanchis. De leur côté, les rossignols s'envoyaient au loin des cadences intermittentes, et on les entendait voltiger avec inquiétude de place en place

Ce fut en vain que je cherchai à me calmer, il semblait que j'attendais et que je désirais quelque chose.

Il revint d'en haut et s'assit près de moi.

— Je crois qu'il va pleuvoir, dit-il; les nôtres seront mouillées.

— Oui, repartis-je; et tous deux nous gardâmes longtemps le silence.

Cependant le nuage, en l'absence de tout vent, n'avait cessé de s'abaisser à vue d'œil sur nos têtes; la nature se faisait de plus en plus calme, plus parfumée, plus immobile : tout à coup une goutte tombe et rebondit, pour ainsi dire, sur la toile de la terrasse, et une autre vient s'émietter sur le blocage du sentier, enfin, avec un bruit de grêle qui s'abat lourdement, commença à éclater une pluie à larges gouttes, rafraîchissante et prenant de la force de moment en moment. Aussitôt rossignols et grenouilles se turent de concert; on n'entendit plus que le bruissement des eaux, bien qu'il fût comme étouffé sous le tapage de la pluie : cependant on le distinguait encore dans l'air, et il y avait aussi je ne sais quel oiseau, sans doute caché sous un rameau de feuilles sèches, qui, non loin de la terrasse, gazouillait sur un rhythme toujours égal ses deux notes monotones. Serge se leva et parut vouloir s'en aller.

— Où vas-tu ? lui demandai-je en le retenant. Il fait si bon ici !

— Il faut que j'envoie un parapluie et des galoches.

— Ce n'est pas nécessaire, cela va passer tout de suite.

Il en tomba d'accord et nous restâmes ensemble auprès de la balustrade du balcon; j'appuyai la main sur la traverse humide et glissante et j'avançai la tête dehors. Une pluie fraîche m'aspergea les cheveux et le cou par jets saccadés. Le nuage, lumineux déjà et devenant à chaque instant plus clair, se fondit en eau sur nous; au bruit régulier de la pluie succéda bientôt celui des gouttes tombant de plus en plus rares du ciel et des feuillages. De nouveau les grenouilles reprirent leurs coassements, de nouveau les rossignols secouèrent leurs ailes et recommencèrent à se répondre de derrière les touffes humides, tantôt d'un côté, tantôt de l'autre. Tout redevint serein sous nos yeux.

— Qu'il fait donc bon vivre! dit-il en se

penchant sur la balustrade et en passant sa main sur mes cheveux mouillés.

Cette simple caresse agit sur moi comme un reproche, et j'eus envie de pleurer.

— Qu'est-ce qu'il faut de plus à un homme? continua-t-il. Je suis en ce moment si content, qu'il ne me manque rien, et que je suis complètement heureux.

Tu ne me parlais pas ainsi quand cela eût fait mon bonheur, pensai-je. Quelque grand que fût le tien, tu disais alors que tu en voulais plus et plus encore. Et maintenant tu es calme et content, quand mon âme est remplie d'un repentir en quelque sorte inénarrable et de larmes inassouvies !

— A moi aussi la vie est bonne, dis-je, mais je suis triste précisément de ce que la vie soit si bonne pour moi. Je me sens si décousue, si incomplète ; j'ai toujours envie de quelque autre chose, et pourtant ici tout est tellement bon, tellement tranquille ! Est-il donc possible que pour toi il ne se mêle aucun chagrin aux jouissances que la nature t'a accordées, comme si, par exemple, tu regrettais quelque chose du passé ?

Il retira sa main qui reposait sur ma tête et garda un moment le silence.

— Oui, jadis cela m'est arrivé à moi aussi, surtout au printemps, me dit-il, comme recueillant ses souvenirs. Oui, moi aussi j'ai passé des nuits entières à former des désirs et des espérances, et quelles belles nuits que celles-là !... Mais alors tout était devant moi, et à présent tout est derrière ; à présent je suis content de ce qui est, et cela est la perfection pour moi, conclut-il avec une assurance si dégagée que, tout douloureux à entendre que ce fût pour moi, je demeurai convaincue qu'il me disait vrai.

— Ainsi tu ne désires plus rien? demandai-je.

— Rien d'impossible, répondit-il en devinant mon sentiment. Et toi, vois comme tu as mouillé ta tête, ajouta-t-il en me caressant comme un enfant et passant de nouveau sa main sur mes cheveux; tu es jalouse des feuillages, de l'herbe que la pluie a mouillée; tu voudrais être et l'herbe et les feuilles et la pluie; mais moi je me réjouis seulement en les voyant, comme en voyant tout ce qui est bon, jeune, heureux.

— Et tu ne regrettes rien du passé? continuai-je à demander, sentant un poids de plus en plus lourd oppresser mon cœur.

Il rêva un moment et de nouveau garda le

silence. Je voyais qu'il voulait répondre en toute franchise.

— Non! répondit-il enfin brièvement.

— Ce n'est pas vrai! ce n'est pas vrai! m'écriai-je en me tournant vers lui et attachant mes yeux sur les siens. Tu ne regrettes pas le passé?

— Non! répondit-il encore une fois, je le bénis, mais je ne le regrette pas.

— Et ne souhaiterais-tu pas d'y revenir?

Il se détourna et se mit à regarder dans le jardin.

— Je ne le souhaite pas plus que je ne souhaiterais qu'il me poussât des ailes. Cela ne se peut.

— Et tu ne voudrais pas reconstituer ce passé? Et tu ne fais de reproches ni à toi ni à moi?

— Jamais! tout a été pour le mieux.

— Ecoute! dis-je en saisissant sa main pour le forcer à se retourner vers moi. Écoute! Pourquoi ne m'avoir jamais dit ce que tu voulais de moi, afin que je pusse vivre exactement comme tu le voulais ? Pourquoi m'avoir donné une liberté dont je ne savais pas faire bon usage, pourquoi avoir cessé de m'instruire? Si tu l'avais voulu, si tu avais voulu me diriger autrement, rien, rien ne fût arrivé, poursuivis-je d'une voix qui, de plus en plus énergiquement, exprimait un froid dépit et un reproche, et non plus l'amour d'autrefois.

— Qu'est-ce qui ne serait pas arrivé? dit-il avec surprise, en se tournant vers moi. Il n'y a rien eu de pareil. Tout est bien, très bien, répéta-t-il en souriant.

Serait-il possible qu'il ne me comprît pas,

ou, ce qui serait pis encore, qu'il ne voulût pas me comprendre? pensai-je; et des larmes jaillirent de mes yeux.

— Il serait arrivé ceci, que, ne m'étant pas rendue coupable envers toi, je n'en aurais pas été punie par ton indifférence, ton mépris même, répliquai-je tout à coup. Ce qui ne serait pas arrivé, c'eût été de me voir, sans aucune faute de ma part, enlever soudainement par toi tout ce qui m'était cher.

— Que dis-tu là, mon amie! s'écria-t-il, comme s'il n'eût pas compris ce que je disais.

— Non, laisse-moi achever. Tu m'as enlevé ta confiance, ton amour, jusqu'à ton estime, et cela parce que j'ai cessé de croire que tu m'aimais encore après ce qui s'était passé. Non, il me faut dire une bonne fois tout ce qui depuis si longtemps me torture, repris-je en l'interrompant encore. Étais-je coupable de ce que je ne connaissais pas la vie et de ce que tu me laissais la découvrir toute seule?... Et suis-je coupable, à présent que j'ai fini par comprendre moi-même ce qu'il faut dans cette vie, à présent que depuis bientôt un an je lutte pour revenir à toi, si tu ne cesses pas de me repousser, faisant semblant de ne pas comprendre ce que je veux ? et si les choses s'arrangent de telle sorte qu'il n'y ait jamais rien à te reprocher, et que je reste coupable et malheureuse? Oui, tu voudrais me rejeter encore dans cette vie qui doit faire mon malheur et le tien !

— En quoi vois-tu que je fasse cela? demanda-t-il avec une surprise et un effroi sincères.

— Ne me disais-tu pas, encore hier, oui, tu

me le dis continuellement, que je ne m'accommode pas ici, qu'il nous faut de nouveau aller passer l'hiver à Pétersbourg, que j'ai maintenant en horreur? Au lieu de me soutenir, continuai-je, tu as évité toute franchise avec moi, toute parole sincère et douce. Et ensuite, quand je tomberai, tu me reprocheras cette chute et tu la prendras gaîment.

— Arrête, arrête, dit-il sévèrement et froidement ; ce n'est pas bien, ce que tu dis là. Cela montre seulement que tu es mal disposée envers moi, que tu ne...

— Que je ne t'aime pas ! dis-le, dis-le donc ! achevai-je, et des larmes mouillèrent mes yeux. Je m'assis sur le banc et je me couvris la figure avec mon mouchoir.

Voilà comme il me comprend ! pensai-je, en essayant de contenir les sanglots qui m'oppressaient. C'en est fait, c'en est fait de notre ancien amour, dit une voix dans mon cœur. Il ne s'approcha pas de moi, ne me consola point. Il était blessé de ce que j'avais dit. Sa voix était tranquille et sèche.

— Je ne sais pas ce que tu as à me reprocher, commença-t-il, si c'est que je ne t'aime plus comme autrefois.

— Comme autrefois tu m'as aimée !... murmurai-je sous mon mouchoir, et des larmes amères l'inondèrent plus abondantes.

— En cela, le temps et nous-mêmes, nous sommes également coupables. A chaque temps convient une phase de l'amour...

Il se tut.

— Et te dirai-je toute la vérité, puisque tu veux de la franchise ? De même que, pendant cette année où j'ai fait ta connaissance, j'avais passé des nuits sans sommeil à penser à toi et j'avais édifié mon propre amour, et que cet amour grandissait dans mon cœur, ainsi précisément, à Pétersbourg et à l'étranger, je dormis d'affreuses nuits, m'étudiant à briser, à détruire cet amour qui me torturait. Je ne sus pas le briser, mais je brisai du moins ce qui en lui m'avait torturé ; je me calmai, et tout de même je continuai à t'aimer, seulement d'un autre amour.

— Et tu appelles cela amour, quand ce n'était qu'un supplice ! répliquai-je. Pourquoi m'as-tu permis de vivre dans le monde, s'il te paraissait si pernicieux qu'à cause de lui tu aies cessé de m'aimer ?

— Ce n'est pas le monde, mon amie, qui a été le coupable.

— Pourquoi n'as-tu pas fait usage de ton

pouvoir? Pourquoi ne m'as-tu pas garrottée, pourquoi ne m'as-tu pas tuée ? Cela eût été meilleur aujourd'hui pour moi que d'avoir perdu tout ce qui faisait mon bonheur, cela m'eût été meilleur, et il y aurait eu la honte de moins.

Et de nouveau je me mis à sangloter en couvrant mon visage.

Au même moment Macha et Sonia, joyeuses et toutes mouillées, avec un bruit éclatant de voix et de rires, entrèrent sur la terrasse ; mais en nous apercevant elles se turent et la quittèrent aussitôt

Nous restâmes longtemps en silence ; quand elles furent parties, j'épuisai toutes mes larmes et je me sentis soulagée. Je le regardai. Il était assis, la tête appuyée sur sa main, et il paraissait vouloir me dire quelque chose en réponse à mon regard, mais il se borna à soupirer péniblement et s'accouda de nouveau.

Je m'approchai de lui et j'écartai sa main. Son regard alors se tourna pensivement vers moi.

— Oui, dit-il, comme poursuivant sa pensée, pour nous tous, et en particulier pour vous autres femmes, il faut de toute nécessité avoir porté à ses propres lèvres la coupe des frivolités de la vie avant d'arriver à goûter la vie elle-même ; là-dessus on ne croit jamais l'expérience des autres. Tu n'avais pas encore, en ce temps-là, poussé bien loin la science des séduisantes et gracieuses frivolités. Je te laissai donc t'y plonger un moment et je n'avais pas le droit de te l'interdire, par cela seul que pour moi l'heure en était depuis longtemps passée.

— Pourquoi m'as-tu laissé vivre au sein de ces frivolités, si tu m'aimais?

— Parce que tu n'aurais pas voulu, bien plus, tu n'aurais pas pu m'en croire ; il fallait que tu apprisses toi-même, et tu as appris.

— Tu raisonnais beaucoup, dis-je. C'est que tu m'aimais peu.

Nous retombâmes dans le silence.

— C'est dur, ce que tu viens de me dire là, mais c'est la vérité, reprit-il en se levant tout à coup et en commençant à marcher à travers la terrasse; oui, c'est la vérité. J'ai été coupable, ajouta-t-il en s'arrêtant vis-à-vis de moi... Ou bien je ne devais pas du tout me permettre de t'aimer, ou t'aimer plus simplement, oui.

— Serge, oublions tout, dis-je timidement.

— Non, ce qui est passé ne revient pas,

jamais on ne retourne en arrière..., et sa voix s'amollit en disant cela.

— Tout est déjà revenu, lui dis-je à mon tour en posant la main sur son épaule.

Il détourna ma main et la serra.

— Non, je n'ai pas dit la vérité, quand j'ai prétendu ne pas regretter le passé; non, je regrette ton amour passé; je le pleure, cet amour, qui maintenant ne peut plus subsister davantage. Qui là-dedans est le coupable? Je ne sais. L'amour peut être resté, mais il n'est plus le même; sa place est toujours là, mais tout endolorie; il est sans force et sans saveur, le souvenir et la reconnaissance ne sont pas évanouis, mais...

— Ne parle pas ainsi, interrompis-je. Qu'il renaisse tout entier, tel qu'il était jadis... Cela peut-il être? demandai-je en le regardant en face. Ses yeux étaient sereins, calmes, et en s'arrêtant sur les miens, ils avaient perdu leur expression profonde.

Au même moment où je parlais, je sentais déjà que ce que je souhaitais, que l'objet de ma question n'était plus impossible à réaliser. Il souriait d'un sourire paisible, doux, d'un sourire de vieillard, me semblait-il.

— Que tu es jeune encore et que je suis déjà vieux! dit-il. Il n'y a plus chez moi ce que tu peux vouloir chercher. Pourquoi se faire illusion à soi-même? ajouta-t-il en continuant toujours à sourire.

Je me tenais en silence auprès de lui, et je sentais de plus en plus le calme rentrer dans mon âme.

— N'essayons pas de répéter la vie, poursuivit-il, n'essayons pas de nous mentir à nous-mêmes. Mais c'est quelque chose déjà de n'avoir plus, si Dieu le permet, ni inquiétude ni trouble. Nous n'avons rien à chercher. Nous avons déjà trouvé, il nous est déjà tombé en partage assez de bonheur. Ce qu'il nous faut maintenant nous efforcer de faire, c'est de frayer la route, voilà à qui..., dit-il en montrant la nourrice qui, Vania sur ses bras, s'était approchée de nous et se tenait près de la porte de la terrasse. Voilà ce qu'il faut, chère amie, conclut-il en s'inclinant sur ma tête et la baisant.

Et ce n'était plus un amoureux, mais un vieil ami qui m'embrassait.

Du fond du jardin s'élevait, toujours plus puissante et plus douce, l'odorante fraîcheur de la nuit, plus solennels se répandaient dans l'air les sons lointains, auxquels succédait une profonde tranquillité, et dans le ciel s'allumaient plus fréquentes les lueurs des étoiles. Je le regardai, et tout à coup j'éprouvai au fond de l'âme un allégement infini; c'était comme si on m'eût enlevé un nerf moral qui était en désordre et qui me faisait souffrir. Je compris aussitôt clairement et avec calme que le sentiment qui m'avait dominé pendant cette phase de mon existence était irrévocablement disparu, comme cette phase elle-même, et que son retour, non seulement était impossible, mais qu'il m'eût été pénible et odieux. C'en était assez de ce temps; avait-il donc été si bon, lui, qui m'avait paru renfermer de telles joies? Et il avait eu déjà une durée si longue, si longue!

— Pourtant, ce serait bien le moment de

prendre le thé, dit-il doucement ; et nous passâmes ensemble dans le salon.

Sur la porte, je rencontrai de nouveau la nourrice avec Macha. Je pris l'enfant sur mes bras, je recouvris ses petits pieds nus, je le serrai contre mon cœur et, effleurant à peine ses lèvres, je l'embrassai. Presque endormi qu'il était, il agita ses petits bras, les doigts étendus et tout froncés, et ouvrit des yeux troubles, comme lorsqu'on cherche à retrouver ou à se rappeler quelque chose ; tout à coup ses yeux s'arrêtèrent sur moi, une étincelle d'intelligence y brilla, ses lèvres gonflées et allongées s'ouvrirent en un sourire. Tu es à moi, à moi, à moi ! pensai-je avec une sorte de tension délicieuse qui se propageait dans tous mes membres, et je le serrai sur mon sein, en tâchant, avec quelque difficulté, de ne point lui faire de mal. Puis je recommençai à baiser ses petits pieds froids, sa poitrine, ses bras et sa tête à peine couverte de quelques cheveux. Mon mari s'approcha de moi, recouvrit rapidement la figure de l'enfant, puis la découvrant de nouveau :

— Ivan Serguéitch ! prononça-t-il en le touchant du doigt sous le menton.

Mais, à mon tour, je recouvris Ivan Serguéitch. Personne, excepté moi, ne devait le regarder longtemps. Je fixai mon mari, ses yeux riaient en s'arrêtant sur les miens, et pour moi ce fut, depuis un temps bien éloigné, la première fois que j'éprouvai de la douceur et de la joie à les contempler.

C'est ce jour-là que prit fin mon roman avec mon mari ; le vieux sentiment demeura avec ces chers souvenirs vers lesquels il n'y avait plus à revenir, et un sentiment nouveau d'amour pour mes enfants et pour le père de mes enfants inaugura le commencement d'une autre existence, heureuse d'une autre façon, et que je n'ai pas encore épuisée à l'heure présente, convaincue que la réalité du bonheur est au foyer et dans les joies pures de la famille...

FIN

1166. — Poitiers, Imprimerie Générale de l'Ouest (BLAIS, ROY, et C$^{ie}$)

Original en couleur

NF Z 43-120-8

www.ingramcontent.com/pod-product-compliance
Lightning Source LLC
Chambersburg PA
CBHW050641170426
43200CB00008B/1112